来文随笔

王来文 著

海峡出版发行集团 | 海峡文艺出版社

图书在版编目(CIP)数据

来文随笔/王来文著.—福州:海峡文艺出版社,2022.10
ISBN 978-7-5550-1952-7

Ⅰ.①来… Ⅱ.①王… Ⅲ.①随笔－作品集－中国－当代 Ⅳ.①I267.1

中国版本图书馆CIP数据核字(2019)第142332号

来文随笔

	王来文 著
出 版 人	林 滨
责任编辑	蓝铃松 刘含章
出版发行	海峡文艺出版社
经 销	福建新华发行(集团)有限责任公司
社 址	福州市东水路76号14层
发 行 部	0591－87536797
印 刷	福州力人彩印有限公司
厂 址	福州市晋安区新店镇健康村西庄580号9栋
开 本	850毫米×1168毫米 1/32
字 数	110千字
印 张	9.25
版 次	2022年10月第1版
印 次	2022年10月第1次印刷
书 号	ISBN 978-7-5550-1952-7
定 价	68.00元

如发现印装质量问题,请寄承印厂调换

自　序

自小，我对文字就充满敬仰，对写作亦充满敬畏。

我的专业是画画写字，可半生过来，占去我最多时间的却是阅读与写作。我敬畏文字，因为我向来觉得文字是有生命的，它具备了创造的力量，也具备了损毁的力量；我敬仰文字，是因为我觉得文字具有能量，它是无声的思想，也是无形的慧智。我不是散文家，也不是评论家，不敢以作家自居，虽心向往之。所以，每拟一文，虽仅抒性情而已，但对文字不敢懈怠，煮字铸句，求的不是能文章千古事，求的是心中的那份信仰，那份与文字的亲近与温馨，当然也包括我对文章的那份美学的态度。至于所作属于何种语体倒也就不在意了，在意的是文字里是否能传达出那一份人生的体验与生命的安顿，奢望的是文字里是否能传达出可与大家分享的那一缕艺术情丝与感悟。

本次蒙海峡文艺出版社相邀，结集出版本书，收集的主要是我近几年所写的部分小文，前些年写的不少谈师友谈艺术谈感想的和那些今后打算写的随性之文，只能待以后适时再收录与结集了。文章结集起来，自己再读一遍，没有几篇满意的，必然会使朋友们失望，更贻笑方家了。这四十一篇小文仅算是个人近年来文字生活自娱经历留下的些许雪泥鸿爪。

自年少时考上大学美术院校后，画画与书法便成了我安身立命的专业与职业；读书与写作成了与我相伴相随的兴趣与爱好。它们都是我终生美的爱好，我常想，此生能以爱好为业，何其幸哉。

人到中年，回想一路走来，在勤勉完成公务职责与使命之余，书画怡情，烟云供养，读书养性，写作自娱，虽无杯酒酬酢大江东去的豪情，然岁月静好，夫复何求。

感谢师友们常年的关心与厚爱，感谢家人对我书生生活的理解与支持。

目 录

辑一 画里散步

端劲高古…………………………………… 3

妙得神情…………………………………… 12

游艺神通…………………………………… 22

清刚内敛…………………………………… 29

文质相兼…………………………………… 39

晚笑丹青…………………………………… 46

亦工亦放…………………………………… 57

古拙朴厚…………………………………… 66

咫尺天地宽………………………………… 75

磅礴笔墨…………………………………… 82

辑二　今贤雅叙

美人如诗　佳作如织…………89
器里器外……………………96
笔尖上的修行………………103
小丘之美……………………111
艺术之真……………………115
诗意田园……………………120
感谢水墨……………………124
原野乡情……………………129
艺玄工妙……………………134
流香映水……………………142
泼墨交响……………………150
回眸乡愁……………………155
几分幽邃……………………161
纸上云烟寄乡愁……………166
诗性的守真…………………172
南腔悠长……………………179

情真更抱朴……………………186
墨上生花……………………198
择一艺 终一生………………201
石小艺不小…………………213

辑三 文心散墨

容我深情地回望………………221
误当书生三十年………………234
扇里清风………………………242
荷卷自跋………………………247
艺者的使命……………………250
"士夫画"的人文情怀…………255
古意情怀………………………263
品《晴耕雨读》………………269
古老的文化乡愁………………276
蕉亦潇潇………………………282
竹君子…………………………284

辑
一

画 里 散 步

端劲高古

中国书法历史上,"宋四家"(指苏东坡、黄庭坚、米芾、蔡襄)是非常重要的巨匠大家,他们对宋以后的书法艺术历史产生了深远的影响。这四家中,蔡襄是福建人,是福建书法史上的一座巍巍巨峰,令人高山仰止。

蔡襄(1012—1067),字君谟,莆田仙游人,是历史上一位著名的政治家、文学家、科学家,更是一位著名的书法家。作为政治家,在其短暂的55岁人生中,为官三十八年,政绩显著,如泉州的洛阳桥就是他泽被八方、泽润后人的政声显绩;作为文学家,其传世文集有《端明集》与《忠惠集》两种版本;作为科学家,《荔枝谱》《茶录》是其重要著作,也是宝贵的历史文献,对果业、茶业做出了杰出贡献。当然，世人首重，当推其书法，书法家应是其第一历史身份。

20世纪80年代至21世纪初，随着书法展览场馆化，对书法的审美产生了朝视觉张力转化的巨大转变，加上以"丑"为美的"丑"书成了一股社会的风尚潮流，"明清调"成了流行书风，这是由历史变革时期思想交汇的社会思潮引起的，是难免的，相信也是短暂的。这时期，明清民国的一些个性化的书法家受到了追捧，而宋及宋以前的书法家在现实里却受到了忽视。近几年，随着国家的强盛，民族自尊与文化自信的觉醒与自觉，中华民族文化复兴的时代已呈现光芒，大汉盛唐的强音正在恢复，中华民族中正的东方审美将会重现。像"颜鲁公""宋四家"等大汉唐宋气象的书法传统将得到恢复、传承及发扬。

在"宋四家"苏东坡、黄庭坚、米芾、蔡襄中，最难述说的就是蔡襄书法。或许是蔡襄敦厚的性格和低调内敛的秉性，或许是他传世的

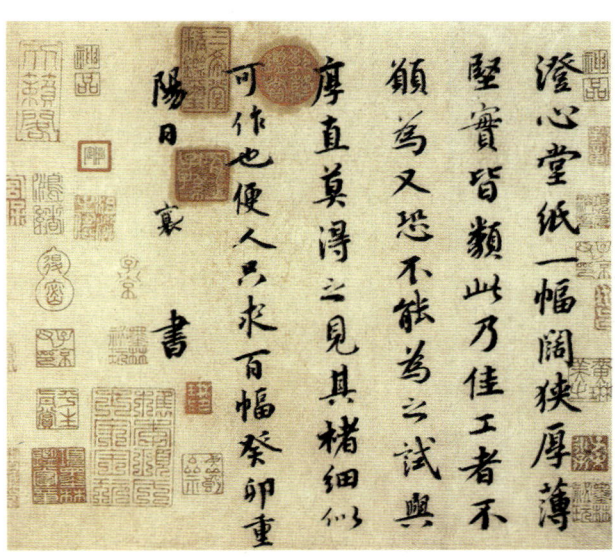

蔡襄　《澄心堂帖》

作品没有米芾、黄庭坚那样的个性张扬，在当代，对蔡襄的评价远没有与之齐名的另三家那么高，这是有失公允的。当代人往往只站在当下的立场，以当下的审美喜好来看待他的作品，并没有把他的作品放在他的时代背景中来加以思考，更没有从历史及历代的评价中加以研究。在我看来，蔡襄在"宋四家"中是有特殊贡献和杰出成就的。

蔡襄在其所处的时代且直至清代，当世人及后人对其书法艺术评价皆极盛誉，推崇备至。《宋史·列传》中称他"工于手书，为当世第一，仁宗由爱之"。蔡襄的至交好友文坛泰斗欧阳修称"蔡君谟独步当世"，赞其"蔡君谟博学，君子也，于书尤称精鉴"。大文豪苏东坡誉其"独蔡君谟书，天资既高，积学深至，心手相应，变态无穷，遂为本朝第一"，称"余评近岁书，以君谟为第一，而论者或不然，殆未易与不知者言也"，并强调"仆论书以君谟为当世第一，多以为不然，然仆终守此说也"，可见大才子苏东坡对蔡襄的推崇与敬重。苏东坡何许人也，一代文豪，百代宗师，以他自身的才华、鉴赏的眼光，加之本身作为一代书法大家，他能对蔡襄的书法如此推崇，可见蔡襄在当世的影响力与时人推崇之深，也可见蔡襄书法艺术的高度与魅力。同为"宋四家"的黄庭坚、米芾对蔡襄也是顶礼膜拜的。黄庭坚赞其"苏子美似古人笔劲，蔡君谟似士人笔圆"，米芾赞蔡襄书"如少年女子，体态妖娆，行步缓慢，多饰名花"。宋当世的理学宗师朱熹也对蔡襄仰视不已。宋大儒邓隶评君谟书如杜甫诗，苏黄书似太白诗，君谟得之功，苏黄得之趣。《宣和书谱》里评其"世人摹之石，自珍其书，以谓有祥龙舞凤之势，识者不以为过，而复推为本朝第一也"。宋徽宗曰"蔡君谟书包藏法度，停蓄锋锐，宋之鲁公也"。元朝的赵孟𫖯深受蔡襄影响，"赵文敏源流，盖自蔡出也"，明文徵明也一度仿效蔡体，"于莆阳得其形"。明人王世贞亦推其"然自宋书家当以襄为首云"。只是蔡襄"颇自惜，不妄为人书",传世作品太少,导致后人对其研究传承从众者偏少,这多少影响了蔡襄的地位。

蔡襄为"宋四家"中辈分年龄最大的,重要的是,蔡襄是"宋四家"中,也是宋代书法家中开启"尚意"的先锋。书法自晋至宋初,六百年中已有两大变化,即晋尚风韵,唐重法度。发展至宋代渐倾向于"意",开始第三次破格。在宋初,书体仍受唐代影响较深,蔡襄年龄较苏、黄、米均大,他所处的宋初时代,整个社会的书风还在前朝藩篱笼罩下,距离不远的唐代颜真卿和五代的杨凝式影响尤甚。从蔡襄现在存世的作品来看,其行书于杨凝式萧散之处得力最甚,楷书则得益于颜真卿的规整大气。继承与传承对于书法艺术而言有着特别重要的意义,这点在"宋四家"中蔡襄是最扎实的,但并不等于说蔡襄守旧。蔡襄在继承的基础上进行了积极的探索,他不仅学颜真卿、杨凝式,也学柳公权,学欧、虞,朱熹称其"独有欧虞笔意",还上溯"二王"。在其作品中,不管是楷书还是行书，行笔中、笔意间已经有一种迥别于前朝的率意笔调呈现，这种率意情调是宋代文人士大夫的一种时代审美特征，是"尚意"审美的开端。书为心画，刚正而不死板，淳淡中含有醇厚，率意里不失法度，法度中有意态、有意趣。这就是一种明显的"尚意"情怀。从这一点上来说，蔡襄堪称宋代"尚意"的先锋，是开启了"宋四家"苏、黄、米、蔡"尚意"辉煌时代的一个关键人物。

自此，宋代书家不拘成法，以意为书，所以行书大盛。"宋四家"都是以行书及行草书独步天下的。苏东坡亦认为蔡襄的书法还是"行书最胜"。蔡襄行书，淳淡婉美，清丽蕴藉，一笔一画不失法度，颇得"二王"神理。颜筋柳骨，虞欧形态，行笔干净利落，严谨结实，字里行间流露出既精致又雅澹的笔意，雅澹的笔意里裹着意态意情。结体俊俏而端庄典雅，行气连贯，眉清目秀，风采怡人。

在"宋四家"中，楷书唯蔡襄一家独胜。蔡

襄的楷书，端重沉着功力极深，直追唐人。楷法，端重与飘逸往往难以两全，但蔡襄的楷书，力厚骨劲，端严遒丽，字字通身力到，结体变化，行笔笔圆韵满，沉着明润，气骨潇逸而不俗，达到了既浑穆端重又淳雅飘逸的境界。元人评其"楷法之妙，独存蔡君谟一人而已"。

在书法史上，有一种说法认为"宋四家"苏、黄、米、蔡中的"蔡"最初指的是蔡京，但因蔡京劣迹斑斑，人品奸恶，后来人们用蔡襄取代了蔡京。明代张丑就曾说："宋人书例称苏黄米蔡。蔡者，谓京也。后世恶其为人，乃斥去之，而进君谟书焉。"汪曾祺在《谈写字》文中也认同这观点："'宋四家'指苏、黄、米、蔡。'蔡'本指蔡京，但因蔡京人品不好，遂以蔡襄当之。"关于这点，当然也许只是一种历史的猜测，但这也从侧面说明，我国文艺品评的德本价值传统的重要性。不管是历史还是当下，艺术活动都是人类思想审美活动的一种外在形式，人们希望看到的是作者与作品都是美的，需要的是二美的合二为一，需要的是德与艺的双馨，尊德为艺之本。弘一法师言"艺应以人传，而不应人以艺传"即是德本价值评判的最好诠释。从历史评判对蔡襄蔡京的书法际遇为戒，当下那些重艺轻德甚至是唯艺无德，靠投机钻营、靠人身依附的从艺者更应引以为戒，靠钻营或许能得一时名利，但德不配位，终场还是如蔡京。

再读蔡襄，为福建的书法文脉的深厚而自豪，福建书法史上有了蔡襄、朱熹、黄道周、伊秉绶等一批文章道德皆伟岸的先人在，自然也就多了几分的文化自信。

2017年10月31日

妙得神情

谈起中国人物画,美学思想上我倾爱魏晋南北朝的境界,"以形写神""气韵生动""骨法用笔""迁想妙得"等具有哲学意味和美学意义的审美理论,不仅是我艺术思想的源脉,而且以一种经典的品质和审美的范式,影响着我的艺术追求与品格,直至今日。在传世的人物画作品里,我喜欢隋唐五代的人物画,也亲近南北宋的人物画,而元代的人物画就相对不感兴趣,元代人物画着实不成气候的。郑午昌在《中国画学全史》中说"盖人物画至元代,亦已告衰退之状",我颇赞同。

至明朝,特别是明中晚期,中国的人物画得到又一次迈进与升华。尤其是人物肖像画,在笔墨技法与精神内涵两个层面上都得到了长

曾鲸　《苏文忠公笠屐图》

足的丰富和完备,使这门古老的艺术重新焕发出勃勃生机,出现了一批风格迥异、别出心裁的人物画家,如吴彬、丁云鹏、曾鲸、陈洪绶、崔子忠等,他们在溯古与出新中各有成就,别开生面,成就了中国美术史上人物画家高峰云集的时代。曾鲸所创立的"波臣派",从学者甚众,影响广泛,受到了包括文人士大夫在内的各阶层人士的喜爱。明代晚期至清朝初期,上至宫廷,下至民间,几乎笼罩在"波臣派"这一画风之下,是那个历史时期的一个非常重要的人物画派。明代晚期画坛,已是文人画勃兴的时代,曾鲸作为一个民间画师能取得如此成就是难能可贵的。他和他的"波臣派"成为历代人物肖像画繁荣发展的一个重要标志。

曾鲸,字波臣,人物肖像"波臣派"因此得名,福建莆田人,生于明嘉靖四十三年(1564),卒于清顺治四年(1647)。其早年的情况史籍失载。从其现存的作品和相关文献资料上看,大抵可知其一生主要活动在浙江杭州、乌镇、宁波、余姚及江苏南京一带,一生从事专业性肖像创作。《海盐县志》说他"兼善花卉",可惜没有花卉作品真迹留传。

曾鲸的传世作品,收藏在各大博物馆的有十几幅,如《葛一龙像》《王时敏像》《张卿子像》《黄道周像》《沛然像》等。图书刊印的有数幅。文献记载的有近十幅,如《董其昌像》《陈眉公小像》《项子京像》等。曾鲸留世作品虽不多,但都较精。美术史上有杰出贡献的艺术家,要么美学思想影响巨大,如谢赫的"六法",顾恺之的"迁想妙得";要么以杰出的作品影响着美术史,如吴道子的白描集大成作品《天王送子图》,张萱的《捣练图》,顾闳中的《韩熙载夜宴图》等;要么则以笔墨技巧有创造性而留芳。曾鲸属于最后一种,他在笔墨技法上具有开创意义,是在肖像画法上做出了杰出贡献的人物画大家。他在传统基础上,创造了自己独有的凹凸画法,把人物肖像画向前推进一大步,完成了写真从纯功能性向欣赏性审美性的转变。"开辟门庭、前无古人",《无声诗史》说他"其独步艺林,倾动遐迩,非偶然也"。近人陈衡恪评其"传神一派,至波臣乃出一新机轴"。叶恭绰在陈洪绶《何天章行乐图》题跋上评老莲"古雅澹冶,可谓绝后空前。同时曾波臣用西洋画法写真,亦称双绝"。曾鲸的"凹凸法"继承传统画法的淡墨勾线,勾出轮廓和五官部位,保持强调骨法用笔,但与传统画法不同的是,不用粉饰渲染,而是用淡墨渲染出阴影凹凸。"每图一像,烘染数十层,必匠心而后止也"。这种数十层的渲染,无数次的轻皴淡擦,千层百笔,富有立体感、层次感、体积感,逼真而传神,人称"凹凸法",亦称"墨骨敷彩"。曾鲸的这种"凹凸法"是过去肖像画所没有的,但又是基于中国传统绘画的墨法,所取得的凹凸效果是从表现对象的结构本身出发的,并没有拘泥于西画技法中的明暗光影。若与差不多同时代的另一人物画大家陈洪绶比较,陈洪绶以"奇拙"的审美趣味让其绘画更加贴近世俗生活和民间艺术，曾鲸则以妙得神情的写实性、写真性、立体性，让其绘画形象更加富有精神气质与动态美感。陈洪绶善仕女，曾鲸善文人雅士。陈洪绶之妙在韵在趣，曾鲸之妙在意在情。

可以说曾鲸的"凹凸法"是自唐以后的人物画再次吸收外来营养，开风气，辟新径，成肖像画之又一新法。曾鲸的"凹凸法"重墨骨，重骨法，借鉴西画之法，从重视形象结构出发，发展了具有中华民族特色和中国气派、中国作风的人物肖像画，这是曾鲸的一大功劳与贡献。

在曾鲸的传世作品中，成熟的精品之作主要创作于50岁至70岁之间。《王时敏像》《张卿子像》《葛一龙像》均是我特别喜欢的。作品既是精品，同时也最具曾鲸"波臣派"艺术特点。

《王时敏像》所画对象王时敏是明末清初著名山水画家，清"四王"之一。图中王时敏手执拂尘，蒲席上盘膝而坐，头戴乌巾，着宽大袍服，面容清雅俊秀，沉静练达，少年老成持重的文人雅士形象，散发着书香门第文化贵族的泱泱清气，着实透着意趣，含着文采，蕴着精神。

《张卿子像》图中描绘的张卿子是杭州名医兼诗人，被董其昌和陈继儒称之为"奇才"，著有《张卿子伤寒论》。人物作正面像，略右偏，面相清俊，意态安详端雅，气足神定，嘴角的微笑分明流露出愉悦的心情，一副轻盈温润之态。画面中张氏右脚前迈，左手捻须，信步闲庭，抑或是凝神炼句，俨然是一位医林高手或聪睿诗人，沉稳睿智，形神兼备，乃细致精妙传神写照之妙品。全图无一衬景，通过对人物面部的精妙刻画来传达人物的性格品质。

《葛一龙像》图中描绘的葛一龙，字震甫，是吴门一带颇有声名的名仕，曾出仕云南布政理问，嗜古力学，工诗善诗。图中墨髯如缕，用笔甚为细腻，面部刻画生动自然，以淡墨出形，而后褚石笔色在鼻洼，双颊层层渍染，颇具立体效果。双睛如墨，炯炯有神，面部的皱纹、眼袋描绘精细，恰如其分地表现了葛氏的年龄特征。人物动态自然，倚书斜靠而坐，乌巾长髯，白袍朱履，神清气朗，一派儒者风范，文雅高洁的性格特征于不经意间表露无遗。

曾鲸所绘的《黄道周像》面部刻画亦极为传神，神清气爽中透着一股理学大儒的清刚风骨，儒雅之气裹藏在整幅画面气息中，似乎透着书香墨气。

曾鲸的作品人物形象皆占据画面四分之一或不到四分之一画面，构图空寥，空间开阔。大面积的空白尽显空灵与静谧，画中人物似从画中来又似离画去，超逸缥缈。所画人物没有布景或仅有较为简单衬景，以达到辅助表达人物形象而已。人物形象大抵为重色帽子、髯须，微露脚鞋，并缀以色彩，增强画面的丰富感。设色淡雅，衣着表达简约，略去繁文缛节及衣服中一切纹样与图案，而注重衣纹结构的精准描绘，线条流畅大方，笔简而意足矣，与面部的细致描绘形成对比，极具丰神。曾鲸的人物肖像画面部十分写实，是一种写心的以形写神的写真，是一种有气韵的肖似，是一种神采与情态的完美结合。

曾鲸虽为民间画工出身，然凭借其高超精妙的画技名满天下，再加其良好的修养，深得当时文人士大夫的认可。他在与文化圈文人雅士的交往中完成了从民间画工到文人画师的身份与学养的转化，进入左右文化发展的文化圈之中，同时在经济上也取得了相当可观的收入，在这种精神和物质皆较富足的环境中，其文人精致的小日子过得像窗外的景色，云淡风轻。这种朴素而丰饶的生活和雅集交往，使得其肖像艺术去除了民间画工的匠气、俗气，而多了份书卷气、文人气，文质相兼而不流俗。每一根线条不仅是对形与神、真与美的那份描绘，还都荡漾着民族绘画艺术东方审美的倩影幽梦。他长线善舞，短线善挥，色墨染渲浑然一体，缥缈氤氲。长短交织，如音乐的五线谱，奏出旋律，弹出节奏，吹出韵意；如短章，似长句，经意中抒出不经意间的幽幽雅意，醇厚淡雅中飘着文人书卷气息。

《宣和画谱》中认为花鸟画可以"粉饰大化，文明天下，亦可以观众目，协和气"，花鸟画如此，山水、人物画亦如此。且人物画另一重要的价值是可直接地为后人、为历史留下永恒的时代记忆。人物画家在为自己记录情思与感动之时，也留下了一笔宝贵的历史文献资料。满桌墨迹留痕，人走笔情犹在。曾鲸作为历史上有贡献的人物肖像画家，为后人留下了那个时代文人雅士阶层的形象和生活情景、性情际遇，让我们能透过时空，透过岁月，感受那段历史的人文温情。

我常言，艺术只有经营熟了才变得出自己的风姿。再品曾鲸作品，我又想到这层。

2017 年 8 月 1 日

游艺神通

吴彬,何许人也?闽中高士,福建莆田人,字文中、文仲,号枝隐头陀、枝隐生。生卒因历史记载不尽详,有不同说法,但属明万历年间是较明确的。

一位画家,若有著述的文字传世,加之有代表性作品,就容易被历史记住。当然即使没有著述,也不代表其优秀的作品无法被理解。在历史的洪流中,总有些隐藏的讯息与生命密码等待着被重组,被再次发现,被再次挖掘。当然,这属幸运者。吴彬,原是一位隐没在美术史滔滔洪流之中的明代后期大画家,20世纪上半叶,因为西方著名学者高居翰对其大力发掘,才再次引起世人的关注。20世纪末到21世纪初,因吴彬作品在几次拍卖市场上的强悍表

吴彬 《高山流水图》

现，特别是2009年11月北京保利拍卖公司所拍的吴彬《十八应真图》，以1.69亿元的成交价创当时中国画价格新的世界纪录，吴彬这个美术史名宿，终于拨云见日，受到了学界与世人的公认。

我对吴彬绘画的关注与研习，主要还是近十年的事。曾有缘在故宫博物院、台北故宫博物院见到吴彬的作品，在其他展览场合也偶遇其数件作品。近年，我主要精力集中在对传统白描花鸟艺术进行深耕，明清的几位白描大家如陈老莲、崔子忠、丁云鹏等自然也就成了我时常拜识临习研究的对象，吴彬的佛像白描亦在我倾心之列。

中国画发展到明朝，基本上是山水、花鸟占据画坛的主导地位，人物画已缺少像大唐王朝那样功盖当世、光耀千载的人物画大师集群，但也依然不时地泛起引人注目的涟漪，如吴彬的人物画，特别是其道释人物画。徐沁的《明画录》里评吴彬"长于佛像，人物亦秀洁，至写山水，绝不摹古，皆即景挥洒"，可见其人物画特别是佛像人物画已是名重一时。我有幸拜观过吴彬的《普贤像》《画罗汉》《画楞严廿五圆通佛像》《五百罗汉图卷》及泥金《五百罗汉图》等经典之作，其作品让我叹服，让我拜服，让我折服，他的独特画风一直印在我的脑海里。吴彬深受唐宋人物画的影响，然又能独树一帜，自立门户，迥别于旧人，也迥别于时人，是一位个性化境界高深的人物画大家。他画风高古，以具象再现的艺术形式，刻画出奇特怪异、不同流俗的人物形象。唐宋人物画中那种儒雅洒脱的名士气度，那种慈眉善目的仙风道骨，在吴彬笔下一扫而去，取而代之的是一个个五官极度夸张扭曲的形象，然吴彬的这种"丑"不仅没有"丑陋"之感，反而有着一种化腐朽为神奇的特殊魅力。"丑"中有美，有亲切，有情感，令人感受到的反而是一种超凡脱尘的境界，一种清静无华、神秘平淡的永恒世界。吴彬十分善于刻画形象，不仅动态各异，且形象奇妙，神情生动，惟妙惟肖，直抵内心世界。他对背景基本上惜墨如金，以少胜多，以虚衬实，道具、背景与人物形象融为一体，使人物形象更加饱满，更富个性。在其长卷作品中，吴彬的艺术处理十分巧妙，弱化纵向空间的推移，强化横向平面的舒展，使人物形象更加鲜明突出。吴彬的过人之处更在于使个体的人物动态服从于群体造型，画面构图节奏如行云流水，展现出其对大横幅画面的高超驾驭能力。长卷是最能展现中国画意境与笔墨修养的，也是较高难度的艺术形式，然吴彬长卷画中的人物形象个个奇诡怪异，无一重复、无一雷同。他还善于把山水的技法融入其中，勾、皴、擦、点、染无所不用，轻松而信手拈来，实让人对其超常的艺术才能感到叹服，感到惊愕。这样的艺术境界，若无高超的表现力、观察力、想象力是难以做到的。晚明版画制作发达，吴彬也参与其中，或许正是得益于此，他的人物画在画面视觉效果上也颇为讲究。

以线造型是中国画的一大特色，尤其是白描艺术，对线的质量、质感，对线的表现力，对线的线型线性的要求更高，"闽人善线"是我一贯的艺术观点，的确也是客观存在。福建历来出白描艺术大家。宋代的陈容，明代的吴彬、曾鲸、李在，清代的上官周、黄慎，近现代的陈子奋、郑乃珖、李耕等。福建画家最鲜明的特点是能融合各家之长，不墨守成规，勇于创造，表现出极强的创造性，吴彬就是一位典型的代表。中国美术史上的"二吴"——吴道子、吴彬颇是缘深，同姓氏，又同善于画佛释人物。"吴带当风"充分传达了画圣吴道子人物画的线条之美、造型之美。吴彬的线条明显受到吴道子的影响，同时也吸收了李公麟的养分，线条轻盈流畅，疏密有致，格调和谐，形式完整，线条飘动但不轻浮，疏松随意但不散乱。吴彬善于调和线条形式与形体结构之间的关系，注重艺术形式的合理甚于形体结构的合理，反映出吴彬的艺术胆识，也体现出吴彬娴熟扎实的艺术功力。吴道子尊为"画圣",吴彬为"画仙"。

吴彬是一位多重身份的晚明人物,他是一位职业画家,也是一位文士,更是一位居士,既是儒生,也是佛徒,一生心无旁骛,信仰的是"吟诗礼佛、纵情画事"。吴彬的道释人物画卷中,借用世俗生活的细节,组成丰富的罗汉、佛陀住世护法的场面,形象不类人间形貌,经营出一个具有神通力量的佛陀世界。董其昌赞其"有贯休之古而黜其怪,有公麟之致而削其烦",乍看如文人雅集,实际却是供佛听法。在吴彬的笔墨世界里,佛法变得生动变得可亲,也难怪乾隆皇帝在其《十八应真图》卷上亲题"游艺神通",实不虚也。

2017 年

清刚内敛

在书法史上，或许福建籍书法家的数量没有江浙拥有的数量多，但福建历代出现的书法大家都是一座座的高山巨峰，如不陨的巨星，闪烁在历史的苍穹。如北宋的蔡襄，南宋的朱熹（惜为著名理学宗师的盛名所掩），明末清初的黄道周、张瑞图，清盛期的伊秉绶等。黄道周是其中的一轮明月。

黄道周（1585—1646），字幼玄，一作幼平或幼元，又字螭若、螭平，号石斋。福建漳浦县（今东山县铜陵镇）人，故又称黄漳浦、黄石斋，是明末著名学者、文学家、易学大师、儒学大师、书画家。

漳浦这片土地因有了黄道周使文化基因奠定得更为厚实。他的道德与品格如漳浦的主峰山脉——梁山，一样的刚骨与劲健，充盈着力度与厚度；他的文学与艺术如漳浦的母亲河——鹿溪，一样的柔韧与绵延，润泽后人。我是漳浦人，自小在梁山鹿水边成长，作为石斋故里的后人，身上流淌着石斋先贤的艺术血脉，我很庆幸此生有此福分和缘分。我常言，石斋先贤是我心中崇敬的一座丰碑，只要想起故土的这座伟辉，心便温暖了，眼光便温柔了，也刚毅了，更是增添了几分的文化自信。

黄道周作为"一代完人"，其人生是不幸的，也是有幸的。不幸的是，生在荒乱的明末年代；有幸的是，因道德文章的力量使人生与艺术价值不因时代而隔断，一样的熠熠生辉。黄道周是坚定的抗清者，清朝的乾隆皇帝却评价其"不愧一代完人"，可见其道德文章的魅力。对于曾经反对大清朝的黄道周，乾隆帝是有气度的，他的赞扬或许带有一定的政治实用主义的成分，但作为中国历史上有建树的最高统治者，乾隆帝的称道实际上是大清朝对传统道德品格和文

黄道周 《七言诗》

化精神的认同，更是对黄道周道德文章的高度赞誉。

作为书法家的黄道周，一样是不幸的，也是有幸的。不幸的是，他是一代儒学大师、易学大师、文学家，官至首辅，有政治家、学问家的风度，生前又自称"作书是学问中第七八乘事"。加之在有故国之思的后人看来，视其为忠臣的道德光辉形象更甚于其作为书法家的艺术形象，故其书法在很长一段时间被忽视了。在清朝看来，他是抗拒天兵的，是天敌，故对其文章艺术是讳莫如深的，特别是在清朝建立初期，直至乾隆帝评其"一代完人"后，才有隐现的曙光。但他又是有幸的，经历了中晚清、辛亥时期、五四时期，历民国直至今日，黄道周随历史长河的流淌而益显其伟大的光芒，其艺术形象与他的道德形象一样光辉，作为史上书法大家的地位也越来越崇高。尽管，这不是他第一优选的身份，却是书法史的幸运。

作为书法大家，其小楷与行草书的精警与

卓绝，让后人叹服。黄道周的小楷与行草书孰更优，对这一问题，清朝至今，因时代、因人不同，赞誉亦有所偏好。有人评其小楷优于行草书，如宋荦在《漫堂书画跋》中评"石斋先生楷法尤精，所谓意气密丽，如飞鸿舞鹤，令人叫绝"。有人对其行草书更赞赏，如秦祖永在《桐阴论画》中，誉其"行草笔意离奇超妙，深得二王精髓"。我少小时临习过石斋先贤的书法，近年，有缘拜读了不少石斋先贤的作品，深感石斋先贤书法艺术的高迈。不管是小楷还是行草，艺术高度上实难分伯仲。不过个人认为，黄道周的小楷在那个年代更为难得。从书法史上可有趣地看出，盛世出楷隶，乱世出行草。明末是个乱世，乱世讲个性，且行草书在明末已是蔚然成势的时风，黄道周一样难脱时风，其行草书有高度，但时风的影子也相随着，时风影响着他，他也影响着时风。而黄道周的小楷，是乱世中的小楷，罕见而难得，何况其小楷有集大成之境。其小楷作品所含的文学性更是那年代其他书法家所无法比拟的，如《榕颂》本身就是一篇经典文学之作。黄道周认为书虽为小物，但物小通大道，故其所书内容充满着厚德意味，诗稿字句都荡漾着弘义载道的文学幽影。

明末清初的五大家——黄道周、张瑞图、王铎、倪元璐、傅山，黄道周在五家中独树一帜，特别是其小楷，犹如武术中之太极拳，内气充盈气脉贯通，险怪内敛清健刚骨，外刚内腴气骨凛然。黄道周的小楷既严整又有情趣，楷法带隶意，用笔戈戟森厉，朴拙高古，在劲峭中有姿媚之势。字体方整近扁，笔法健劲。结体不外显，敛收蕴藉有内力，不柔润但有妍媚之美。这在其代表作《孝经颂》《张溥墓志铭》中有淋漓展现。清王文治在《快雨堂题跋》中赞其"楷格遒媚，直逼钟王"，而我更愿赞其"刚骨清峭，可追颜欧"。我曾在故宫博物院参观过明末清初的五家作品展，在小楷上，黄道周与傅山功夫最深厚，黄道周则更胜一筹。黄道周的小楷如断崖峭壁,傅山的小楷似土花斑驳。黄道周应是书法史上最着意于字距和行距疏密对比的大家。其作品行与行之间遥遥相隔,疏朗开阔,突出纵列体势,强化通篇的形式之美。若说,严冷方刚、不谐流俗,是黄道周个人不平凡的人生和人格在艺术上的宣泄与发挥,那么,力量感与压迫感,则应该是其身处乱世颠沛的情志和个人内心抑郁的情感折射。这种阳刚与向上的力度,有如音乐史上的贝多芬,美术史上的德拉克罗瓦、珂勒惠支。

"书字自以遒媚为宗,加之浑深,不坠佻靡,便是上流矣",黄道周论书如是说,可见其对遒媚古朴的审美向往。何绍基更是评其"书意于古劲中复有错落之妙",我认为遒媚古拙、清刚内敛是其小楷的精髓,也是独特的审美价值,玲珑又剔透。

从黄道周书法论述上看,其主要精神是"遒媚"与"己意"。若其小楷体现在"遒媚"上,其行草书则是"己意"的精神所在,是他个性与性情驰纵之天地。黄道周的行草书,早中期相对中和平整、精练劲健,晚年则是较多即兴挥洒随性而发,强化线条连绵不断与盘绕之势,纵放浪漫,激情燃纸,有森严逼人撼人之势。其行草书结字紧密,行距疏朗,点画精到,气势通畅,乍看似摇摇欲坠,细看则安如磐石。用笔上古拙生辣,劲险锐利。行气上跌宕多姿,沉郁顿挫,流动着一股奇崛不平之气。他善用笔,亦善用墨,尤善用重墨,重墨法唐以前较常用。此墨法由浓而枯,没有大的浓淡之分,然枯湿的强烈对比,极尽变化与节奏,产生强烈的视觉冲击力。我近年醉心于八分隶,无意识间也养成了喜用重墨,用心于线条枯湿的玄妙之美。只是黄道周先贤的枯笔枯线之美在疾笔刚直劲峭间,而我更沉醉于缓笔慢行一波三折的太极绵劲味。对于这种巧缘与美学取向,未知是否为黄道周先贤冥冥之间的神助。同为明代大家,董香光以善用淡墨见长,黄道周以用浓墨为善,异曲同妙。

直抒胸臆，抒写心绪，为情感而泄，是明末行草书的时代个性，但黄道周的高明之处在于能很好地把握在理性控制下，与陈淳、徐渭反常态式的信笔横扫相比，黄道周则是有节度的出奇制胜，此不平凡之处让人叹服。

黄道周人品高，学养深，"漳浦体"书法是其人品与书品完美结合的典范，世人学书的经典。在其书法直接和间接的滋育下，成长了一大批书法大家，尤以近现代为甚。黄道周书风崛起于浙沪，一代大家沈曾植是取法黄道周的典范，国画大师潘天寿的书法最得黄道周风神，其艺术品格上的奇、气、骨、力等雄强霸悍的风格与石斋书风相近。近代大家如沙孟海、来楚生、诸乐三、章祖安等都承其余绪，深受影响。而当代的"流行书风"与"明清调"的书法风尚与潮流，主要就是取法黄道周、王铎、张瑞图等明末清初书家的书法，只可惜取法艺术形式的多，未能更多地着意于先辈书法艺术的精神与风骨。

黄道周，生与书法有不解之缘，死亦以书法了却世事，他就义之前血书"纲常万古，节义千秋。天地知我，家人无忧"这首千古绝唱。可惜此件作品原作失传，留给后人的仅是对这件绝唱的无限念想。他的这一倜傥风流的不凡之举，与近代弘一法师圆寂前绝笔留下的"悲欣交集"，有异曲同工之妙。石斋先贤是带着血泪的，弘一法师是带着心酸与杂味的，但都将为后人所传颂。

书法史上有两对著名夫妻档，都是不凡的书法家，一对是黄道周与妻子蔡玉卿，一对是赵孟頫与妻子管道昇，在艺术上是可堪媲美的双子塔，但黄道周夫妇的道德光辉则远非赵孟頫夫妇可比的。

作为中华民族精神符号和文化符号的黄道周，将越来越为世人瞩目。

2017 年 6 月

文质相兼

清中期画坛，各有灵苗各自探的"扬州八怪"，形成一股强劲的迥异于正统画派的新思潮，立当时画坛之潮头。"扬州八怪"并非只有"八怪"，而是多达十几人，版本有好几个，但不管哪个版本，均有华嵒名字。谈起闽派画坛历代大家，定谈到先贤华嵒；说起吾国明清以来的花鸟画大家，也绕不开华嵒。华嵒的花鸟画，在清中期画坛，是有创造性贡献的，在当时已名噪海内外，被推为恽南田之后花鸟画第一人。至嘉庆、道光后，华嵒的影响日益扩大，他的艺术风格，对晚清及近现代花鸟画的传承有着重要的启示作用。滋养着海派的花鸟，滋养着江南的花鸟，也滋养着闽派的花鸟。其花鸟画艺术如母亲河之水，润泽后人，直至今日。

华嵒,福建上杭人,取号新罗山人,俗称华新罗。谈华嵒的绘画艺术,固然其山水、人物成就亦不凡,但首推其花鸟画,特别是其晚年60岁至75岁时成熟的花鸟画。

其花鸟画,艺术品格是"文与质相兼",有高雅之意,也有通俗之境。有文气能含蓄,有活泼能生动。得文人雅士的共鸣,又得普通大众的称誉,雅俗而共赏。华嵒是卖画为生的职业画家,坚实的绘画能力,多变善化的技能构成其花鸟画艺术之质。文雅的笔致墨韵,内敛的书卷气构成其花鸟画艺术之文。华嵒的好友徐逢吉赞其"文质相兼而能超出畦畛之外",名实至矣。

具有文人气质的华嵒赋花鸟以"人格化",寄志寓意,抒怀其对生活的情感,对人生的感悟,对社会的爱憎。通过对花鸟禽虫的怜惜,曲折表达其人生态度,寄以象外之意。充满观赏性、富有生动情趣是华嵒花鸟画的动人魅力之处,笔里富遒劲,墨里透着情,色里含着趣,

华嵒 《松鹰图》

机趣而横生。平民自由的生活状态,让华嵒比一般文人画家有着更深厚的写生功力,对各种花鸟禽虫的形态、动态和生长规律的稔熟与亲近,生化成生趣与生动。华嵒善于捕捉花鸟禽虫活泼跃动的瞬间动态,摄其天趣,掇其情趣,经意于对象的个性,将感受的具体性和细节的生动性统一,在笔墨里注入自己真切而细腻的情感,构置生趣盎然的画面,让情与景相趣而相成,生气洋溢,一片生机,让人情绪感染,视觉愉悦,有审美享受。

华嵒花鸟画汲取前人精华,深得恽南田没骨法要谛,兼取八大与徐渭画法,深入石涛法门,经一番融合,再加入自身体验和美学意趣,熔出新罗山人自己的个性风格,独立于画坛,风流于美术史。其成熟期的花鸟画,介于工笔和大写意之间,属兼工带写的小写意风格。构图以简驭繁,繁简相宜;以虚衬实,虚实相生;意境疏宕空明,境域辽阔,以少胜多,多亦不多,少亦不少,境界空灵。

华喦花鸟画的用笔、用墨、用色极具特色。用笔笔法多样，多中锋裹笔前行，以拖带旋，以柔克刚，以曲带直，灵活而多变，甚是丰富。善用干笔枯墨皴擦手法并事略淡染绘禽鸟的羽毛，蓬松轻盈，如轻纱似棉絮，笔致够俏，加之他那个性化的松秀、灵巧、率意、遒劲的笔性，更见韵味。用墨渍、染、溅、晕并行，间以枯墨提醒，枯润相生，画面深度感、空间感和笔线墨韵的音律感尽显。用色擅长多色混染，产生丰富色阶，色调浓而不腻，艳而不俗，淡雅明洁，妍冶鲜润，殊是雅致。

与同时代画家相比，华喦的花鸟画题材广泛，技法也较多样而丰富，胜人一筹。他融合了恽南田的柔和轻快，石涛的遒劲率意，八大的简洁凝练，更增加了自己的滋润轻快。与他同为"扬州八怪"的好友相比，金农古拙而朴质，华喦朴质而清新；高翔是荒率的，华喦是明净的；郑板桥是峭拔的，华喦是妍美的；李鱓是纵放的，华喦是秀逸的。金农把花鸟簪成一瓶花,华嵒把花鸟谱成一支曲。其花鸟艺术历久弥新,虽风移人往,然境过情留,一样真挚感人,一样情趣动人。

华嵒花鸟画的艺术品格,受当时社会世俗与艺术潮流的影响,更多是与其人生经历相关。不同的人生阅历,产生不同的人生哲学与艺术理念。华新罗以"解弢"名馆,以"离垢"名集,以"枝隐"自号。"解弢"道出华嵒的处世与人生态度,是其洞悉灵机,保持本真性情的内心告白,如其诗所言"居陋以求道,宠义无驰情",透出内心修养追求的境界。"离垢"以求净土,向往有一个脱离尘俗的安逸世界,向往一种超越现实的生活理想,并寄望化为艺术的审美理想,幻化超脱尘世,以求精神慰藉,用笔墨创造美好之境,且心向往之。"离垢"刷尘的意念,无意间形成其作品内涵的丰富性。"枝隐"道出了华嵒一生的志向。低微的出身,赴京跻身宦门的绝望,丧妻失子的悲痛,使华嵒彻底绝去了功名之念,潜心于诗文书画,抒情言志，借以谋生。"无慕人荣华，无损自神智"，他一生清苦，但安贫乐道，保持狷介自洁品格。他一生淡泊出尘，空寂虚无，但以自己的诗文书画独善其身，也在"枝隐"中以其高超的花鸟画兼济天下，滋润后人。

华新罗以民间画师兼具文人画家的身份，以民间画家所具之质，以文人画家所有之文，文质相兼，彪炳画史，为一代闽派大家。

2018 年春节

晚笑丹青

清康乾时期,沉寂了近半个世纪的福建画坛开始复兴,再次进入崭新的发展期,而这时期以闽西为重。出现了上官周、华嵒、黄慎等一批卓有建树的书画家。华嵒、黄慎是"扬州八怪"画家。上官周则是老师辈,年龄最长,成名也最早,在他的直接培养或间接引领下,成长了一大批画家,丰富了福建的文脉。上官周是入清以来集大成者,为一代大家。

上官周(1665—1752),字文佐,号竹庄,世称竹庄先生,福建长汀人。诗、书、画皆擅,堪称三绝。绘画上擅人物、山水,对后世影响最大的是其人物画。

上官周的诗有《晚笑堂诗集》传世。竹庄先生少时正值三藩之乱世,荒废了学业。青年时

上官周 《游乐图》

遇上贵人黎士弘，得其指导，50岁后得广东岭南友人学子的共勉，发奋读书，完成了从民间职业画家向文人画家的彻底转变。其友杨于位为其画传作序，誉其"能诗世罕知者，独以丹青擅名于时"。可见其诗名为画名所掩，但也可知其诗文的成就。我曾读过其数首诗，有一首《竹庄秋月》印象深刻，其中一句"微风荡池沼，细浪吹纹漪"至今还时常用书法书写之。其诗中有画意，颇是清新，有唐王右丞之意韵。清杨澜也赞其"诗也风通，美如其画"。

上官周的书法之妙从其《晚笑堂画传》中可瞟一番，《晚笑堂画传》在像之左或右上角用隶体题姓名和称号，像之左或右边用楷体书评语或典故，而在像背则用楷体书其传略。序、自题、跋均用楷体。画传中有隶、有楷，可见上官周书法之能。特别是其中的楷书，形神圆润，虽工不拘，笔线圆转有力，风神宜人。

当然，上官周艺术上最大的成就是绘画，其山水画好，人物画更好，影响后人最为深远而广泛的是其人物画。可以说，人物画是上官周艺术的高峰。其人物画高峰的代表作品就是晚年精心绘制的《晚笑堂竹庄画传》，简称《晚笑堂画传》。"晚笑堂"是上官周晚年的斋号，也是其作诗、读书、画画的场所。其门人刘杞在跋中云："晚笑堂之对面有楼三盈，先生所筑以娱老也。楼聚书千卷，窗棂轩豁。先生作画暇，则作诗，读书，尚友古人于其间。"上官周以斋号为书名，"晚笑"二字，道出其对画传的艺术自信，也道出其对穷尽毕生之力绘制画传的用心，"大器而晚成"也，晚成可长笑于历史长河间，可独步于天下、于人间也。上官周如此，齐白石、黄宾虹亦如此。

上官周颐养天年，享有高寿，是一位才华横溢至老力学的艺术家。他绘完《晚笑堂画传》，写完自题，已是近80岁高寿的老人了，是福寿双全的祥瑞之人。"君子务本，本立而道生"。上官周在其"耄期将及"之时，"息影邱园，杜门却扫，因得浏览史籍"。而后"积日累月，脱稿者又七十六人",加之其"少时工写人物,常摹仿有明一代开国勋臣凡四十四人","合之得百二十人焉"。画传于乾隆八年(1743)在广州刊行。

明清类似的木刻线描画谱中,我临摹过陈老莲的《博古叶子》《水浒叶子》《西厢记》,任渭长的《列仙酒牌》和上官周的《晚笑堂画传》,对《晚笑堂画传》学习吸收最是用功,用力最深最久,直至今日还时常读之。我看过《晚笑堂画传》不同时代及日本的刻本,自己藏有一套三册,乃民国藏书家陶湘精刻描润本影印而成的。所有刻本中还是乾隆初刻本最为精妙,形神韵俱佳。我有缘在上官周研究专家罗礼平兄处见到乾隆初刻本的画传,对其精致高超完美的线描艺术和飞扬的艺术魅力惊叹不已,敬佩之至无以言表。白描是形的艺术,也是线的艺术,形是有神的形,线是有性的线。好的白描艺术,需要形神与线条的高度统一,《晚笑堂画传》达到了这样的高度。《晚笑堂画传》的人物皆用线描绘制,以当时最高水平的雕版精刻印刷成册。画传的两个部分的人物线描,数其晚年所绘的七十六人为高峰水平。早期的四十四人亦是难得之作,但与晚年之作相比终还是略逊风骚。晚年所绘的"人物面貌表情细腻,构图富有变化,衣纹刀刻劲挺流利,颇为当时的艺苑所推重"。上官周以史求真,契像于心,挹其风神,在与古人的心灵沟通中注入个人的情感,把握人物内在气质和精神风骨,用自己的视角加于艺术创造,赋人物形象予新意。他以神写形,形神毕至,有象外之意,形外之神,神外之韵。让每个人物的气质、精神、性格,不仅精准丰富、传神于心,且留有丰富的想象空间。虽是用工整的白描手法,却有写意的意象精神,形意俱足。画传在用线表达时,随类附笔,对武将、文人、女史、名士僧人采用不同审美感觉的线条予以表现。充分发挥线条的曲直、长短、疏密、繁简、刚柔、轻重的对比,运用不同线条的意蕴来塑造不同时代、不同个性与气质的人物形象，但又能做到整体风格的统一，极为难得，为后人称道不已。画传中人物线条遒劲流畅，婉转有力，柔中带刚，刚中有柔，似太极之力绵绵不断，如流深静水汩汩流淌，静者如"曹衣出水"，动者若"吴带当风"，且富书法之韵味，是唐宋元明之后的又一次集大成的白描艺术代表性之作。画传的人物造型不仅吸收明代人物画家的优点，还上追唐宋人物画风，既细腻精微又能宽博大气，工与意达到了高度的统一。其在细微精细处如发饰、发髻、服饰、道具及脸部表情、五官等刻画入微，充分表现出人物的气质，让人叹为观止。

上官周的《晚笑堂画传》不仅在艺术创造上有贡献，风流于美术史，画传的形式本身也是一种文化上的贡献。"左图右史"本是先秦文化典籍的珍贵传统，可惜汉以后此传统割裂了，至唐以后才有所恢复。《晚笑堂画传》以白描艺术创造性地表现历代受到人们传颂的明君贤相、忠臣良将、文人学士。《晚笑堂画传》传世后，其文化功效上实继承了汉代麒麟阁、唐代凌烟阁功名图像的宣教作用。在民间，在民族精神传承中起到了文化上的教化作用。此思想性和艺术性皆高度成功的画典，无疑有恢复古代文化典籍"左图右史"的文化传统之功。《晚笑堂画传》中对人物的传略或评赞，竹庄先生自撰，文有长有短，但都行文精练，有史有评，值得一读。既有内容之实，又有文句之美，从另一个侧面展示了竹庄先生的经史修养的广博，展现其作为一位民间画家的文人气质。难怪鲁迅先生十分珍视《晚笑堂画传》，购买各种版本以收藏。

《晚笑堂画传》对后世的影响和产生的作用是深远的，傅抱石称《晚笑堂画传》极富参考价值，他把上官周与陈老莲、任伯年并称为"近代对人物画最有影响的三位画家"。叶浅予则认为《晚笑堂画传》是近两百年来学习人物画的重要范本，比之陈洪绶的《水浒叶子》和《博古叶子》流传要广。乾嘉以来的许多画家，如黄慎、李灿、谢琯樵、沈瑶池、李耕、李霞等福建画家,耿瑞、陈琼、黄璧、苏六朋、苏仁山等广东画家,费丹旭、吴友如、钱慧安等海派名家,徐燕孙、刘凌沧、卜孝怀、王叔晖等京派画家,以及近现代的溥心畬、丰子恺、钱化佛、张光宇等名家,都临习过《晚笑堂画传》,从中受益。而当代从事人物画创作或从事白描艺术研究者,亦大都摹习过《晚笑堂画传》且受益匪浅。

纵观上官周一生,命运是有趣而生动的。他是民间画家,却有文人之实,更有文人画家之质;他无科举功名,却受到皇帝恩典钦命要其为官当宦,他终拒绝朝廷任命;他一生淡泊,但一生明志;他一生虽无荣华富贵,但自青年后一生稳定安享;他终身布衣,然所交皆当世名士;他生前受人赞誉,身后受人敬重。闽西三杰中,华嵒有心跻身宦门却无缘而绝望,上官周有缘官宦却无心当官;黄慎享有高寿然晚年穷困落魄,上官周享有高寿且晚年富养天年,儿孙绕膝,盛誉不衰。同为一代大家,各安天命不同，不同的天命与人生际遇，产生不同的艺术思想与风格语言，亦就共同构成丰富的艺术花园。

谈起上官周的成就，不能不谈到其一生的贵人，也是其终生的忘年至交黎士弘。黎士弘是官居布政使的退休高官，黎家在当地又是大户人家，享有声望。黎士弘本身是收藏家，家中藏画颇丰，且精画论与鉴藏，与鉴藏大家周亮工是好友。黎士弘有爱才惜才的雅量和情怀，好学而才华横溢的上官周得其赏识，受到黎士弘赏识与扶持是上官周一生的幸事。黎士弘不仅为上官周提供学习临摹的条件，从此可得以研习名画，咏读经典，饱览诗书，出入古人。且上官周在艺术方法、创作实践、学识修养等艺术本体上都得到这位前辈的指导。黎士弘还带其走出长汀，走出福建游学，从而成就了上官周后来的辉煌，让上官周迈进了美术史。古人言"千里马常有，而伯乐不常有"，若没有伯乐黎士弘，上官周这匹千里马尽管有万分的天资，也许只能像其老师熊介玉一样，成为当地一名出色的写真画师，隐落民间，名不出十里。这让我想到有同此功德的陈师曾、徐悲鸿、潘天寿等大师，如此古风着实让人心生恭敬。

2017年3月下旬

亦工亦放

我接触到黄慎作品是较早的事，但具体时间无从记起了。记得第一次接触原作即受到震撼而久久无法忘怀，是多年前在故宫博物院看到馆藏作品《漱石捧砚图轴》，那讲究的章法，精心的构图安排，那半工半写纯熟谙练的线条，那形神飞动的人物造型，那画面透出的世俗人性的亲切，亲切中含有淡淡幽雅的文人气息，皆让人眷恋。自此以后，对黄慎作品的揣摩和研究上心了几分。这些年，在台北、北京、上海、福州等地拜读不少黄慎的原作。蒙厚爱，曾专程欣赏了其故地宁化博物馆馆藏的黄慎佳作。前些年，承福建美术出版社卢为峰兄之邀，参与《黄慎全集》画册的编辑工作，得以全面拜读领略黄慎留世佳作的风采，掩卷之余，更是增添不少敬佩。

黄慎,福建宁化人,号瘿瓢山人,亦称瘿瓢、瘿瓢子。是清中期"扬州八怪"之一。

黄慎的命运是坎坷的,出身贫寒之门,少年不幸失父后,更是家贫如洗,仅靠母亲拉扯成人。一生无缘官宦仕途,以鬻画为生,一介平民,布衣书生,然也无拘无束,散漫自由。黄慎也是有幸的,一幸他是"扬州八怪"中寿命最长的,是寿星,有说寿终82岁,有说86岁,虽难确切,但说明他至少活上80岁,这阳寿在那个时代是非常长寿的,似同如今百岁以上老寿星了。长寿让他有充足时间锤炼自己的艺术,直臻成熟,达到应有的高度,也有足够数量的作品流传后世,让其身后有长足的社会影响力。人生无非两件事——生前造事,身后由人评述,黄慎有幸做到了,这是其第二幸事。他生前为"扬州八怪"之健将,不仅在扬州有盛誉,在江南有影响,在闽地更享有盛名。在其身后,其艺术、其故事,后人接连演绎、褒扬、评说,

黄慎 《得福图》

直至今日，当然也会直至以后漫长的岁月里，历史的长河中。

他的自然生命于80多岁时结束，但他的自然生命因艺术生命而不朽，直至今日依然旺盛、依然青春。其生前就得师友推崇，身后更得历代绘画大家的敬仰。如其师上官周称之曰："吾门有黄生，犹右军之后有鲁公也。"以上官周当时的声望与地位，如此高的评价对黄慎扩大社会影响的作用是很大的。如其挚友郑板桥誉其"画到精神飘没处，更无真相有真魂"。近代黄宾虹先生对其也是推崇有加，评其"论其画以人物为最。山水花草，亦奇古可喜"。徐悲鸿先生赞其绘画有笔歌墨舞之妙。诸多类评，使黄慎生前身后盛名流长。在对黄慎的推崇过程中，有感于一个人，有必要特别提到。黄慎晚年回到宁化故乡时，遇到了一位爱才且有眼光的宁化知县陈鼎。黄慎晚年落拓，依财力是无法刊印自己的诗集的，只能任由湮灭。陈鼎尽力搜集了黄慎诗作339首，编为《蛟湖诗钞》四卷，并亲自为之作序。且捐出个人俸薪为黄慎刻印发行，极是难能可贵之为。遇知音陈鼎知县，这是黄慎的第三幸事。这位陈鼎知县为后人保存了十分珍贵的黄慎诗作，弥足珍贵的史料，为当地的文脉保存了一份重要的生机，当然无意间也为自己立下了传世的佳举与名声，极为可钦可敬。试想今日，真期望哪位县委书记、县长能有陈鼎知县这样的眼光、这样的胸怀、这样的人文情怀、这样人文行为，愿为当地重要乡贤掏出自己的工资资助，演绎一段当代的艺文佳话。

当然，黄慎能有今天的艺术地位，首重还是其艺术成就和艺术贡献。黄慎是"扬州八怪"中最为全能的画家，能山水，能花鸟，能人物。绘画内容、深度、广度、技法多变也是"扬州八怪"中首屈一指。其山水花草，得荒率之致。花鸟洗练、概括，画风泼辣。山水境界开阔，有诗意表达。中国绘画传统的"诗、书、画"三绝也在黄慎的艺术人生中完美结合。其友人谓其"山人诗中有画也，可；字中有画也，亦可"。我评其"画中有字也，亦可"。其诗，有一本《蛟湖诗钞》流传后世，足矣；其书法特别是其晚年的草书独树一帜，自成面目，有清一代，堪称戛戛独造，足矣；但黄慎的成就最主要还是绘画，而且以人物画为最，是"扬州八怪"中人物画成就最高者，是在中国绘画史上具有开拓意义的人物画大家。

黄慎师承上官周，是上官周的得意门生。上官周的影响甚广也甚远，特别是其晚年所作《晚笑堂画传》，以线描的形式展现历史人物形象，是中国美术史上重要的作品。叶浅予认为《晚笑堂画传》比陈洪绶的《水浒叶子》和《博古叶子》流行要广。黄慎得乃师真授，打下了良好的绘画基础，特别是对造型准确的功夫，用笔用线的功夫，均得自其师上官周。黄慎年轻时以工笔人物画为主，中年时以半工半写为主，晚年在半工半写上加以草书入画，以写意性人物画呈现，自成独家风貌。黄慎的人物画由工入写的变法是有文脉可寻的，始终脉络相通，尽管晚年标榜以草书入画，但其对入画的草法线条是有节制的，不放纵，不骄狂，注意在用笔用线上以笔墨求转换，求疏放，但形神俱在，完成了从其师上官周木刻婉转的线条向写意性线条转化的绘画效果。在写形写神上追求写心写意，直抒胸臆，突破传统皴法、描法的局限，首创以草书笔法入画，终自成一格，开一代新风。后人称之狂怪求理：以草书表现精确的人物形象，以写意的粗笔表达，为中国人物画由工笔人物向写意人物转化做出了开拓性的历史贡献。其人物画的造型、笔墨特征，穿透中晚清画坛，一直指向近代，走向当代，对近现代乃至当代人物画的产生都有重大影响。近代海派人物画有他的样式影响存在，近代福建画坛的李耕、李霞、张良、黄羲，不管是人物造型还是笔墨线条都是黄慎的笔墨余韵，他们都是喝着黄慎的笔墨营养长大的。从这意义上说，黄慎是属于传统的，也是属于现代的。

纵观黄慎一生的留世人物画，不管是工写

结合，还是晚年的写意人物，在章法上、构图上都甚缜密构思，对经营位置可说是用心的、苦心的，既讲究均衡对称也讲究对比变化。黄慎的绘画能力极强，其笔墨技法熟练，挥洒自如，画面形象造型丰富，笔墨所及形神兼备，神采飞扬。其高超的表现能力在其群体人物画中得到更加淋漓尽致的表现。如《碎琴图》折扇面，如《公孙大娘弟子解剑器图卷》等人物长卷。那刚劲圆转的笔线，那勾勒的力度，那充满张力的人物组合、线条组织，都令人叹为观止。

黄慎的笔墨价值有贡献，其人物的表现题材也是有突破的。黄慎在扬州寓居的生活里，顺应了新兴市民阶层的好尚，关心现实生活、认同世俗趣尚，画前人未画或少画的题材，除表现传统文士雅士、历史故事及民间传说题材外，更画了大量的神话、佛道、市井人物乃至乞儿贫民等，可看出黄慎的精神立场和情感趣味较接近世俗。世俗化的人性，世俗化的审美。他对社会下层人物和普通平民生活情态的生动表现，突破了传统绘画"逸品为高"的自娱精神。对凡夫俗子的描绘中注入了平民画家黄慎最为纯真质朴的情感，透出了他的情感观照、人文品性。而这一题材上大胆的创举经后人不断发扬光大，影响至今，成为一种社会人文关怀的趋势。如蒋兆和的《流民图》，其思想情感表达即是此脉相承也。

当然，任何人物、任何艺术都不是绝对的完美，这也是事物的辩证规律。黄慎的艺术有开拓、有贡献、有价值，是一代绘画大家，但也一样略带遗憾。如其笔墨上"亦偶有笔过伤韵者"，如其同时代的沈宗骞评其有"恶俗"一面。确然，市场性过分浓厚，过分商品化，过度的世俗品位导致黄慎人物画品格境界的缺憾。这也是值得我们当下画家深思的。

但瑕不掩瑜，黄慎一样还是黄慎，一样是伟大的，一样穿透过去，穿透现在，穿透未来。他是属于中国美术史，更是属于福建的一代大家。

丁酉年春月

古拙朴厚

谈起隶书,必然想到伊秉绶。

伊秉绶(1754—1815),福建汀州府宁化县人,字祖似,号墨卿、南泉、秋水,晚号默庵,世人亦称"伊汀州"。斋号留春草堂、白雨山屋、秋山园、梅花书屋、寒玉斋。能绘画,治印,作诗。工书,尤善隶法。其隶书成就超迈前代,遥接汉人。

近日,恰逢福建博物院举办"伊秉绶书法艺术展",前往逐幅拜观。此展能集来数十幅伊汀州各时期的作品,实属不易。细品,能读出伊汀州作品沁出的文心情怀,给这炎热的夏天吹来了几丝清凉,让人顿时有了些精神。夏夜,静坐于书斋,凡尘退去,捧出成堆伊秉绶的书法集,闲品其书艺,顿感书香墨香扑面。我于

文章千古事
风雨十年人

伊秉绶 《文风联》

书艺之中，用心会意，加之用功最深者在隶书八分书。临习隶书的第一口奶水便是伊汀州的伊氏隶书。初次恭读临写是在中学初一时，流年似水，三十多年匆匆而过，但伊汀州的那一幅幅书法作品依旧烟波空渺，清澈如鉴，今再读，只是淡淡地染上了些岁月的烟尘。"世家传旧史　盛业继前修""清诗宗韦柳　嘉酒集欧梅""从来多古意　可以赋新诗"等等伊氏隶书对联作品，一笔一画间的浑厚之气，依然回转在胸，涤荡着自己的这份尘心。我当时临习伊汀州隶书仅三年，而后更多地上追汉隶、汉简、唐隶，特别是对《张迁碑》《衡方碑》《汉夫人碑》《石门颂》《乙瑛碑》《礼器碑》《西狭颂》《封龙山碑》《郙阁颂》《熹平石经》《石台孝经》等宽厚古拙雄强的碑字情有独钟，至今犹是。当然，也不时地回头徜徉有清一代特别是邓石如、何绍基、伊氏隶书，也记不得有多少回。情依旧，似故知。

伊汀州生前官至太守，风流文采，惠政及

民，泽披四方，荣选入《清史列传》。著有《留春草堂诗钞》七卷。作为历史名人，虽有"廉吏善政"之称，但伊汀州更多的是以书法而传世，其书法，楷、行、隶、篆皆擅。其带有隶意的楷、行书，厚中有动，正大中见奇逸，颇受好评，但其主要是以隶书流芳。

伊汀州的隶书从留世的作品细观可看出，50岁前是他的探索期、形成期。早期的隶书清丽劲挺，略带文秀。45岁至50岁左右，则向古厚朴拙过渡，伊氏隶书风格亦渐趋向定型。50岁至60岁左右，风格成熟，表现手法也随之多样变化。60岁后趋化通神，入于老境。当然最能代表伊氏隶书最高境界与风神的，还是他50岁至60岁之间成熟阶段的佳作。"知天命"后的伊汀州，经历过优裕家境与良好的文化学养教育，经历过科举考试的幸运，经历过扬州太守的政声名望，经历过惠州太守仕途的艰险风波。有和风细雨的温润生活，有大风大浪的艰辛岁月，大喜大悲，甘苦俱尝。然经数十年理学滋养与岁月锤炼的伊汀州,此时已能淡然,已能释然,且能将波澜起伏的人生阅历与笔底的提按顿挫趋向合拍,融成一种平静的力量。50岁前的伊秉绶转益多师,由帖入碑,着重于"法"的追求,50岁后的伊秉绶由技转入道的体悟。这时候他官居扬州太守之位,宁化乡居生活,身体状态较好,精神放旷,诗友酬和,春风得意。这阶段的作品行笔抑扬顿挫,收放自如,如和风拂面,春风化雨,洋溢着荡漾人心的暖意,有云水苍茫、烟云梦幻的典雅之境。其传世的隶书巅峰之作,大都书于此时。我曾经临写过几对这时期的对联,如"变化气质　陶冶性灵""政声韩吏部　经义董江都""翰墨因缘旧　烟云供养宜"等,包括"拓庵""退一步斋"等大幅匾额隶书。此时的伊氏隶书结构变化奇纵,线条深厚苍茫,字字饱满,幅幅满格,用笔中锋铺毫,结体饱满。他善用浓墨重墨,用笔方正磊落,磅礴大气,若庙堂重器,气度非凡。整体审美气象雄伟,格局开阔,正气浩然。在其原作前，能感受到他的作品不似小曲愉悦人，而如洪钟震撼人，不是春雨绵绵，而是大雨滂沱。从容不迫中展现高度，温文尔雅中彰显厚度。伊氏隶书的历史贡献和书法形象主要建立于这时期。

这时期成熟的伊氏隶书有静穆之致。其妙在拙，在古朴，在质厚，威武之质有将军气度，充满着雕塑的力度感。用笔参《张迁碑》，字形参《衡方碑》，有着其他书家所没有的正大气象。其拙不是笨拙，是朴拙，是古拙，是大巧若拙，拙中含着浑厚，养着智慧，透着一种华贵雍容的气质。这拙是他个性涵养的流露，更是他正直无私忠厚稳重的个性在笔墨间的融入。这拙是热的，拙中有恣纵，有奇肆，笔墨线条有质感，有强烈的视觉震撼力和冲击力；这拙是冷的，字体结构如木构建筑，蕴含着稳重宁静的力量，冲动里有冷静，平正而中和。外观看似拙朴无华，实则气象如山河落日，泰岱巍巍，雄伟高旷，清空高邈，品之韵味隽永。

其晚年之作，奇纵之气散去，变成平正通达，字体颀长，线条瘦硬。险绝后复归平正，如晚霞满天，渐入老境。可惜虽有了平和，但缺了点冲淡的散意，或许是身体年老之故，老境中竟微露出迟暮之感。原来的巍巍雄伟之气如风飘逝，多少带着些许的遗憾。

伊秉绶与同时代的邓石如、金冬心皆为清代隶书的高手。康有为认为启清朝碑隶之门的开山鼻祖应推伊秉绶与邓石如。"伊秉绶隶书品在邓石如上，在清代首屈一指"，这是梁启超的评价，我颇赞同。个人觉得，伊秉绶略高一等之处在于，同是挖掘汉碑的"古雅"，伊秉绶能冲破明清书法中一味追求技巧熟练与审美细致的这种完善柔性审美。他在慢条斯理的理性线条里注入了阳刚之气，且把这种审美观念成功转化为艺术形式和个性笔墨语言，铸造出崇高尚朴趋拙避巧的艺术形象。

一方水土养一方人，同样，一方水土养一方艺术。伊秉绶隶书的中和平正与儒雅之美，是其浑厚"闽学"书卷涵泳出来的；其作品中浩然高贵的气质，是其出身望族名门，官宦地位的自信与从容在笔端的自然流淌；其宽博大气之象是清朝中兴盛世的时代精神映象。伊秉绶一生交游甚广，谈笑有鸿儒，往来无白丁。从青年至晚年，所交友的对象多为当时的精英阶层，有官至宰相的政要，学富五车的学者，才高八斗的诗人、书家。师辈如大学士刘墉，四库全书总纂纪晓岚，内阁学士翁方纲，朱筠、朱珪兄弟。朋辈（亦师亦友）如篆隶大家桂馥，金石学大家洪亮吉，《国朝书品》作者包世臣，金石篆刻大家黄易，岭南第一才子宋湘等等一大批高官显贵、雅人逸士，皆为一时才俊名流，且都人品高洁，情趣高雅。这样的交游，胸襟自然沾了岁月的清芬，染了文脉的底蕴，见识学养自是远心旷达而深远。花前月下信手拈笔，即可轻易抹出这批鸿儒巨匠诗余砚边三巡过后的文心墨香。这样的朋友圈气场，自然陶冶出其书家的绵绵厚度。而他这种厚古人亦厚今人的为学之道,于当下艺术界求学求艺依然有着很深的启示意义。

我常想,研究与欣赏一个人的艺术,好比食品,有些只需浅尝,有些可以吞咽,有些则要仔细咀嚼,慢慢品味,细细回味。对于伊秉绶的书法艺术而言,成熟期的精品佳作,代表性的隶书确可值得细品、细斟,且可反复。

静的夏夜,重品伊汀州法书,如遇少时旧友,亲切极了,看了难免勾起念想:友情还是老的好,艺术还是古的醇。

2017 年 7 月初旬

咫尺天地宽

古时,"小品"一词未具备明显的文体意义,它是六朝时称谓佛经略本的词语。释氏《辨空经》,有详者焉,有略者焉,详者为"大品",略者为"小品"。在佛经外使用小品一词,集中出现于明中期以后,盛行于明人小品文大放异彩的年代。今人以描写人物事件、自然风景,个人抒怀感物而成的短小文章,如书信、游记、序跋、随笔、杂感等,通称为"小品文",蔚成文体之一种。借用对美术作品而言,"小品"主要是指扇面、册页、贺卡等统称。小品画兴于两宋,盛于明清,是文人画家借以诠释人品、学问,抒写性灵、才思的表现形式。

"咫尺之内,而瞻万里之遥;方寸之中,乃辨千寻之峻"。可见,在咫尺方寸间,可以展现出宏阔的自然景观和丰富的人文思想。小品虽小，但小品亦不小。"竖划三寸，当千仞之高，横墨数尺，体百里之迥"。小品以小寓大，以少胜多，以简写繁，以虚蕴实。如张大千所言"小品应有大寄托"。真正意义上的大画家，应既能绘制巨构长卷，当又能在零缣片楮中演绎大千世界，在有限的空间里，展现自己的情感，并将中国画的笔墨技巧发挥到极致。在咫尺之间展现微缩的自然之菁华、人生之积淀，观照宇宙之哲理，承载生命之律动，在片纸间既精微又不减万千气象，此可称小品画上乘之作也。艺术作品价值的高下，不取决于作品幅面的大小，也不取决于题材的冷热，而取决于它的艺术魅力和它在艺术史上承前启后的作用力。

　　福建写意花鸟大家宋省予（1909—1966），原名连庆，字廉卿，号红杏主人。福建省上杭县城关人，其父宋赉臣，为闽西当地著名画家之一。宋省予是一位早逝的画坛英才，一生中创作了大量的绘画作品，灼灼其华，后

宋省予 《鹰》

人景仰。他是位全能的画家，不但能画大画，也能画小品，能大能小，挥洒自如。大画有气有势有震撼力，视觉张力强，直摄观者之心眼。其小品的艺术水平和高度更是同时代画家中之佼佼者。其小品画笔墨功夫之纯净圆熟，笔墨精神之深度，笔墨技法之表现力均让人惊叹。可以这么说，宋省予单凭其小品艺术就足可流芳福建近现代美术史，凭借着这些尺寸不大熠熠闪光的小品画亦可赢得硕望。

宋省予的小品之小是同时代画家中少见，小到如扑克牌盈寸的贺卡，然小中见大，且件件精彩。他曾说"好画不在大小幅"，体现他对艺术本质的把握。他笔下的咫尺小品画能据物象各施其法，悉心经营，毫无拘谨，信笔写意，尺幅虽小然天地宽矣。其小品之画像一首小诗、一曲短律，清新、活泼，隽永悠长。既精微端严又气度开张，给人宽博之感，极尽"写"之意趣。他的小品中，很多是他与好友唱和酬谢的作品，是真情流露之作，从画意与题款的字里行间中，可品读出宋省予先生的人文情怀，品读出他的情与义，品读出他内心蕴藉的炽热人性与情感，感受其对亲人友人的温情与敦厚之爱。咫尺之间包含着他内心的大千世界，是画家性情的真挚流露，体现了他内心情感的丰富饱满与德行修为的高尚操守，拳拳赤子之情，令人动容，感人至深。如一弯小河之清水，淌入观者的心扉，温润心田。

　　花鸟、虫鱼、走兽、蔬果，总能在他的笔墨中自由挥洒。他善书法，精诗文，擅篆刻。华嵒、黄慎的笔意，岭南画派的"西洋"技巧，任伯年的小写意，吴昌硕的大写意，张书旂的设色、用粉，他都能融会贯通而不为成法所囿。无论梅之高洁、竹之清秀、菊之淡美、兰之静雅，抑或鹤之孤高、鸡鸭之情趣、鱼虫之闲雅，他皆能信手拈来，惟妙惟肖，且能与作大画相似，依样笔力劲健。他的小品设色清丽，富于墨趣，格调清新清雅，情溢画面，趣满画意，大家气象。

　　放置在近现代写意画大家的小品画队列中，宋省予的小品画是出色的。其笔墨语言个性明显，有自己的审美品格和美学追求，是当代福建写意花鸟画家们脚前的路、路上的光。其画面上笔墨精神、笔墨结构有明显的个人特征。画面意态自如，色调明快，气势与大品一样开张；笔法迅疾淋漓不飘滑，线条刚猛疾劲而有力；用笔简洁而稳妥，繁中有简，简中有意态，笔墨活脱富功力，精神清健有俊气，内藏可贵的生命意识。用笔上笔法丰富多变，书写性意味明显且富线性之美。用墨上飘逸而沉实，气韵酣畅，不滞不迟，有如在轻松的舞曲中漫步，富节奏有旋律，独抒性灵，犹如一首生命的咏叹赞歌。

　　宋省予小品与明清小品文有异曲同工之妙。小品虽小，然有万千之化，其小品题材广泛，放眼所视之自然、熟睹之物皆能入其笔端。有温情有冷暖，有百态世相之情绪，雅俗共赏。

似案头玩石,精巧雅致,能真实表达又适度概括,笔墨洗练,内含哲思。

一言以蔽之,宋省予小品虽小寓大也。

2017 年初夏

磅礴笔墨

"谋"字意味智慧，意味着善谋篇布局，似乎与画家有缘，特别是花鸟画家。福建现当代的花鸟画家中，有数位名家的名字皆带"谋"字。有20世纪20年代出生的陈明谋、王仲谋，其二人皆为泉州闽南人氏；有20世纪40年代出生的曾贤谋、陈济谋。四人皆为闽省著名的花鸟画家，且都是写意画的高手，堪称福建画界的轶事。

虽皆同一"谋"字，亦同属大写意妙手，然四人的笔墨皆有各自的风格、各自的韵味。王仲谋先生与曾贤谋先生的大写意艺术有大江东去的气概；陈明谋先生的画境有春江水暖的情思；陈济谋先生的写意则是一派斯文，书卷气荡漾。四人中陈明谋、曾贤谋、陈济谋三位先

王仲谋 《芦鸭》

生，我与他们有缘分，相识数十年，是受人尊敬的长辈。唯王仲谋先生久仰大名，无缘亲炙，甚是憾事。

但我对王仲谋先生的作品是不陌生的。记得20世纪80年代读大学期间，展览上见过王仲谋先生的作品，"磅礴之势"是当时印在自己脑海中的深刻印记，至今记忆犹新。20世纪20年代出生的王仲谋先生，他这一年代的人，出生民国，历经抗日战争、解放战争，亲历新中国的成立，经历改革开放。既目睹了世事的艰辛，也见证了百废待兴的蓬勃生机与开放的春风，丰富的社会经历人生阅历锻铸了他这一代艺术家的见识与胸襟，加之他们这一代人较好地承续了五四运动前后传统文化的那一缕余温，那气度、那学养皆是一份天成，加之终生侍笔墨之间，得笔墨真经，信手挥笔，那笔墨里皆含着昔日的修养，随时飘起心香，漾着他们那一代人的教养、涵养。今再拜观王仲谋先生作品，其笔下的形与意、情与景，自然融合，挥洒之间皆成妙谛，此非有高度的艺术修养与才性，非有熟练的笔墨功夫，不能有此境界。王仲谋先生的花鸟画，尤其是他擅长的"鹰"，笔墨酣畅，气韵纯雅，气息正大朴厚，用笔辛辣气势磅礴，苍润的笔墨里有雄浑之美。鹰与配景能互生气势，互通精神，有气吞山河之势，荡涤胸怀，崇高雄壮之美油然而生，令人心驰神往。其笔墨有齐白石的简练，有潘天寿的雄劲，有李苦禅的豪放，然皆又能化为己出，醇厚而独具韵味。王仲谋先生也擅画山水，其山水画笔墨雄姿水墨淋漓，或雄伟浑穆，或清润葱郁，多能于笔墨意境里显生机、见情性。

传统书画艺术的传承，艺术品的收藏是不可或缺的环节。收藏，即收藏看得见，更是收藏看不见，看得见的是物、是艺术品，看不见的是艺术品背后的文脉与文化精神。而收藏这一环节，收藏家是主体，收藏家为文化的传承做出了难得的贡献。生活在厦门的诏安籍收藏家沈鸿龙先生有文化情怀，用心收藏本土名家作品，藏品有沈耀初、杨夏林等人之作，王仲谋先生的佳作更是收藏不少。本次蒙其诚邀，在其书斋再次品赏其藏品中的精品，更是加深了对王仲谋先生艺术的理解。感其画中涤荡的浩然之气，为之赞叹，略书所见，愧未能尽其精妙。

2018 年 6 月 11 日

辑二

今贤雅叙

美人如诗　佳作如织

相比较而言，西方的油画有如西方的音乐与歌剧，总体上是一种大江大河急流澎湃式的，激情与激烈的，充满矛盾与冲击力量的艺术，更多地带着某种男人气质的刚性艺术，如狂风吹折大树，似暴雨冲刷大地。像阿尔卑斯山雄浑，似西班牙斗牛士般强健。其审美感觉犹如一首交响曲。而东方的中国画有如中国古典音乐与戏曲，是一种潺潺流水式的，平和的、温文尔雅的、充满着中庸之道的艺术，更多地带着某种女人气质的柔性艺术。似春风吹拂人身，似细雨打到人头，似银色月光洒落大地。其审美感觉似一首小夜曲摇篮曲。

有趣的是，西方这充满刚性男人气质的油画到了中国一位温婉的美人手上，却产生婉转的变化，在经其纤纤之手绘制而成的作品里，特别是其近年的荷花系列作品里，散发着十足的中国审美意境之美——缥缈的幽远，淡淡的忧愁，神秘里含着轻轻的感伤忧郁与冷意孤独，静谧中充盈着东方的禅境意象与玄思。中国画的意境，主观式的油画写实手法，技法上浪漫主义抽象表现与现实主义写实手法相结合，表现出写意的精神和诗意梦境。淡淡的幽远，静谧的浪漫，神秘的梦幻，恍如梦境似真似幻。画面整体不古不今、亦古亦今，不中不西、亦中亦西，亦静亦幻、静拓于心，空明弘阔、清微淡远。其将心像转化为图像，把现实图像转为心像，无关乎宗教，却有宗教般幽淡虚幻禅境。此美人画家是寓居福建厦门的女油画家莫也先生。在现当代女画家中，国画家周思聪的水墨荷花系列作品有此境，油画界有此境界者唯美人画家莫也。

在西方油画引入中国的百年历程中，意象化或写意追求一直是油画界挥之不去的文化情

莫也 《无题》

结，油画先驱徐悲鸿、林风眠、关良、常玉、吴大羽、吴冠中、苏天赐等一直是先行者，并形成中国写意印记的作品而受国际重视。让传统中国文化精神在与世界文化的对话和共同发展中益显价值。写意与意象精神的追求更是近年来中国油画界的共同向往和艺术自觉，然当下的这种探索似乎缺少前辈油画家们对内质追求的思考，更多甚至可说是一味地关注画面效果与画面语言写意性笔触与技术的探求，有滑向荒率草野的倾向，对油画的古典精神与高贵品质有所丢弃，这是值得当心与警惕的。莫也近年来的作品中表达着她对意象美境的思考，画面有中国审美的诗性词境。可贵的是她的这种东方审美，是通过西方油画语言中宝贵的古典手法和古典气质来表达的，其画面中虚实的对比，具象与意象、写实与抽象的对比与自由转换间，我们可以清晰地辨识出她有着强烈当代绘画语汇的画面背后，弥漫着浓郁的古典绘画的气质和古典油画技法之美韵。可以说，她的技法是遵循西方油画古典之美的规范,她的表达渗透着东方审美的意趣。她对油画艺术的理解是自信的,追求是淡定的,在与世俗的对话中其内心是孤独的。而艺术家内心的孤独往往蕴藏着丰富而炽热的情感,这种真挚赤诚的情感通过创作在作品中得以宣泄得以流淌,艺术家只有进入这种人生状态,即人的自然生命状态是其艺术生命状态,产生出来的作品才会是至性至真之真情的,才会是感人的。近年来莫也的荷花系列作品就是这样的作品,在其作品面前,观者的心是会触动的、感动的。为画面的寂静所感动——既感动于荷的生命弱小,又感动于荷的生息不断的生机,感动于阳光明媚的温煦,又感动于荷塘池水的宁静。而这一切的感动源于画家内心炽热情感的流动。所以作品是亲近的,是真诚和朴素的,是一种文化自觉,更是一种感情的自觉。无形中完成了以人文情怀对作品的精神提升,内心情感表达与对大自然咏叹神与貌的结合。

西方这种刚性男人气质的油画艺术在这位女画家手中变成了最好的柔性表达,直指心灵。子曰"绘事后素",论语中也说"素以为绚"。莫也近期的荷系列作品,画面的色调不管明亮阳光,还是细雨蒙蒙,都非常统一,达素净高雅之境。画面气质洁净而素雅,不染尘埃,远离世俗。我亦是爱荷恋荷画荷写荷之人,荷是我艺术生命的符号,是我心灵的情人,至真至性至心。虽我对荷的感悟与表达方式与莫也不同,但莫也对荷的执念之情、感人之境依然让我动容,同时让我想到另一位画荷的女性画家周思聪。周思聪水墨荷花作品充满唐人诗意与诗性,莫也的油画荷花作品则有宋人的词境和词意,充盈着易安居士的婉约,李后主的深沉。情溢于画之表里,直指观者心灵。周思聪是国画家,莫也是油画家,虽然所用的材料和表现语言不同,但都是在艺术高原上可以对话的了不起的优秀女性画家,她们对艺术高雅的表达是一致的。她们的画不仅仅是视觉的审美,不仅仅是看的，更是心的洗涤，是读和听的。

1977年，我国恢复高考制度，让民族恢复了希望。莫也成了我国恢复高考后第一届高等美术院校的佼佼者，也是当时全国高等美术院校少有的几位女学员，是当时伤痕美术创作的重要骨干。如今，她和她的同学罗中立、何多苓、周春芽、张晓刚等都是新时期中国油画艺术探索的前沿和领军人物。我与莫也虽接触不多，但对其创作和艺术状态始终关注，其作品让我感动甚深。应嘱，一直思考着为她写篇小文，今又重读细品其佳作，略添不少感受，付诸笔端，略表对莫也油画艺术的由衷赞赏，也感动于她的人格与人生的力量，特以"美人如诗　佳作如织"为文之题。

2016年夏

器里器外

"自怜小技等雕虫,欲梦荆关愧未工。平淡生涯唯自爱,冷香数点笑春风。"学春兄的这首诗,是他当下最好的写照。

林学春,福州雕刻名家,刻过石雕、竹雕,近几年则专攻木雕,是一位在雕刻界颇有影响的工艺人。说他是雕刻家或者工艺人,又觉得这个称呼似乎容不下他,因他不仅善雕,还喜文、喜书、善画,同时也是一位收藏家,我觉得称他为一位散逸的艺人或许更适合些。他年龄不算老,人却很"旧","旧"得带古,人有古风,艺有古意。

学春兄喜文。他不是作家,但他所撰所写的关于雕刻及绘画的题跋、题记、随笔等,短则数十语或一首诗,长则数百字至千字,既有

林学春　《养之深广，鱼龙出窟》

白话文，也有文言文，这些文章，颇有性灵小品的韵致。他以轻灵的笔调，勾描出的是艺术创作的经验之道，字里行间散出的是学养，谈的是实践，衍化的是真知。选几则共赏：

> 以刀为笔、以实写虚，顺天然之纹理，分以阴阳，云水相生，随转随注。一器虽小，注以四海水、荡乎万古云，乘物游心，自无挂碍也。
>
> 雕刻虽为小道，当以静逸浑朴为所追，故尚狂怪繁巧者必堕恶道也。
>
> 众流归壑、春山养云，一器既成，以能洞目快心即为上品，书画一道亦如是。

文字古雅，不见当下赞颂文玩雅物所用的浮词泛语，感想中深藏着学春兄于作坊寒窗下运刀构思的艰辛，更蕴含着他艺术的审美与品位的雅致。我读了又读，清闲的情趣在，悠然的情思也在。

近年来，学春兄在雕刻之余还醉心于传统

书画，其书其画，一心追古，且能入古，颇具古韵。其画不拘格套，自出胸臆，独抒性灵，意境清雅，散发出浓浓的古色香韵，文人雅气尽显。对于书画，我向来崇尚要敢于出新独造，但也偏爱古典与传统。偏爱古典，爱的是那历史与岁月的余温，爱的是那永恒流淌的文脉基因。而只有含着中正文脉基因的出新创造，才不至于走向旁门，滑向左道。学春兄的尚古，正是一种正脉的传承之道。当然，书画一道学问甚深，传承与出新也是永恒的命题，如何在书画之道上走得更远更宽，对工艺出身的学春兄也是一大考验，需付出比常人更多的心血。

学春兄还好收藏，善收藏。其所藏之物，有书画，有文房雅玩，有木雕石雕。藏品的年代，远至唐宋一代，近至明清、民国时期，其收藏尤以佛雕像和文房清玩为佳。置身其书房，空间虽小，然一派古意，让人惬意，使人盎然。近年来时风不同了，不少富豪大户玩风雅，玩艺术品投资，他们玩的是收益谈的是利益，艺术品价格似乎比黄金还贵出了好几十倍几百倍，然这种收藏之风未免铜臭味重了些，投机成分偏多了，水分泡沫也浓了，少了些清风明月，少了些斯文风雅，终究离收藏的本意、离收藏的文化深意远了些。学春兄眼界高，把玩的藏品品位高，他不仅玩收藏，更善玩收藏里面的文化意味。"鉴赏"，他能鉴也能赏；"把玩"，他能把也能玩，是一位富有文心的玩家。他书画创作的养分与品位，相当一部分是他玩收藏养出来的。

当然，学春兄的主业还是雕刻，寿山石雕、木雕，还有难得的竹雕。雕刻本是工艺，但学春兄雕刀锦绣，编织于中，居然能大雅，无匠气，无俗气。我特别喜欢其文房雅玩的木雕件，含蓄蕴藉，能得趣、得雅、得书卷之气。其木雕、竹雕得古人刀法，会古人之意，但习古而不摹古，精心用意，绝不苟作，尽力做到件件为满意之作。其雕艺能圆雕浮雕并用，相融相合，善雕有人物有场景又有情节的作品，尤善雕风雅故事的题材。其作巧在构思，妙在得情，其精在匠心，在天工。"予之所制凡笔筒，笔架，腕搁，山子，罗汉，高士之属可置诸案头，亦可置诸掌上赏玩，一器虽小，必殚精竭虑，穷以后工，一载所制稍称意者不过一二而已。既雕既琢复归于朴，于不雕处着意即吾之所追也！"学春兄的这句话本身就是对他雕刻艺术最好的诠释。

袁中郎所言"世人所难得者唯趣"，但我觉得无论书画或雕艺，得趣者难，得雅亦难，能得趣中有雅更难。趣中有雅，文气自出；雅中有趣，自能夺情。趣若无雅，便成嬉，便成俗，学春兄所得者，雅趣也。

近二三十年来，时代变了，物质挂帅，性灵凋敝，工艺家境界不出两类，一类心系时务，迎合时尚，追名逐利；另一类寄情创作，潜心艺术，无追利禄，"春色江南今正好，归舟初系绿杨边"。学春兄为后者，如水边绿杨下的闲淡艺人，貌古神清，寄情雕艺，圆雕立塑无不创意，浮雕薄意皆能独特，细细雕琢他心中的那一缕清幽，那一瓣心香。期待他今后的雕件能让自己的性情学养慢慢地从匠工的底子散发出人文审美的韵味。

为学日益，为道日损，这是我们从艺之人应遵循的规律，也是从学从艺的不二法门。我对学春兄当下的艺术追求是极为赞赏的，但也相信求精求益的道路依然漫长，以此句与学春兄共勉之。

2018年6月7日

笔尖上的修行

有的艺术作品是养眼的，怡情而悦目。有的艺术作品是养心的，升华精神净化心灵，与宗教一般，唐卡艺术即属后类。

唐卡，系藏文音译，指用彩缎装裱后悬挂供奉的宗教画。是藏族文化中独具特色的绘画形式，也是中华民族绘画艺术的珍品，具有鲜明的藏民族特点，特别是有浓郁的宗教色彩。唐卡采用明亮灿烂金碧辉煌的色彩描绘神圣的佛陀世界，在颜料上采用金、银、珍珠、玛瑙、珊瑚、松石、孔雀石、朱砂等珍贵的矿物材料，间用些藏红花、大黄、蓝靛等植物为辅料，以示神圣。这些天然性材质保证了唐卡的色泽鲜艳，璀璨夺目，可经几百年的岁月侵染仍艳丽明亮。

唐卡的绘制要求严苛，程序复杂。绘制用时较长，短则数月，长则数年。

我接触和了解唐卡绘画艺术是很早的，但具体时间无从记起了。前些年在与唐卡绘画大师尼玛泽仁先生的交往交流中请益颇多。视觉冲击印象最深刻的是八九年前，京城的好友陪我到雍和宫参观时。雍和宫曾是大清朝雍正帝和乾隆帝生活的地方，置身雍和宫，还能感受到散落在空气中的皇家余韵。陈列的宫藏唐卡艺术作品精致无比，与殿中供奉的佛像雕塑交相辉映，虽穿梭几百年了，仍金碧夺人。那幽幽的神秘气质令人迷醉，散发出的庄重与神圣的宗教气质，似一缕轻风掠过，顿觉目明神清。让我自此对唐卡艺术更是心生恭敬，恭敬其艺术魅力，更敬重唐卡绘制者宗教般的艺术信仰。

我有了更多对唐卡艺术的感受，是在认识唐卡艺术家桑吉才让画师之后。初见桑吉才让，他面带吉相，一脸喜气，微微一笑，三分可爱七分恳切，加之言辞诚恳动作憨态，颇是亲切

桑吉才让 《自在观音》

惹人，似故知。他是一位实诚厚道之人，无半点狡气，亦无半点江湖气，有的是一股西北汉子的英气侠气。桑吉很年轻，与他成熟的思想和处事相比对，有时不敢相信其年少的年轮。他平和稳重，不争，不急，无一丝骄狂，天生带着一股宗教行者的静气，淳朴中有激情有热诚，朴实中含着智慧。他的纯朴是本真的，纯然的天生，油然的散发，这种本真在当下万众趋利的世俗中尤显珍贵。他身上有藏族艺术家的佛性，又有当下年轻艺术家的潮尚，是传统艺术的修行者，也是当代的艺术行动者。

桑吉才让出生在藏民家庭。身上藏民族的美德与品质依旧。作为当地著名的藏传佛像雕塑家的儿子，桑吉才让没有子承父业从事佛像雕塑，然其父亲的艺术基因在血液中遗传，其通身上下涌动着与生俱来的艺术细胞。按藏民族的传统，桑吉自小经谨严的仪式拜当地著名的唐卡大师夏吾才郎为师，夏吾才郎是藏区德高望重且影响力甚大的唐卡艺术大师，桑吉才让跟随夏吾才郎大师规范学习勉唐派唐卡绘画。勉唐画派是唐卡影响最广的画派之一，桑吉自小喝着醇正的唐卡母奶长大，是正宗道地的正脉传承者，十足的正脉，正得如熨斗熨过。桑吉才让对唐卡有使命有担当，他没有如其师辈的唐卡画家安守家园，他出师后不久即走出家园，走出藏区，先是在京城访师问友，多方游学，深研唐卡传统，也不断向内地绘画艺术探奥，吸纳当代绘画当代造型艺术的养分，饱满自己的唐卡艺术。他在游学中提高自己，也在游学中传播唐卡艺术，以自己的方式推动着唐卡艺术的流广。而其对古代国画中佛像的研究，更使他的唐卡作品有了份静谧的文气。他近几年寓居古闽府地榕城，在小西湖旁筑画室"圣唐阁"，画室不大，充满浓浓的藏族风情，布置虽简朴但甚是用心，临其境如置身一座藏传佛教小寺。他安居雅室，吐纳闽都文气、呼吸闽学脉承，在海丝韵绪的惬意中涵养自己，让小西湖的水气滋润作品的灵气。桑吉作为唐卡画师，始终保持着藏民族的生活与艺术方式，隐士般的生活，僧侣式的创作态度，这让其保持着与世俗适当的距离，无疑也让其作品保持一脉醇正与神性。他虽身在喧嚣的闹市，却远离俗务，醉心描绘着宗教题材，在宗教画的创作中保持着心灵的自由与虔诚，保持心灵守望在静谧的精神家园中，让精神沉淀在艺术的乐园里。

观桑吉的唐卡作品，画中佛像气象庄严，智慧明澈，菩萨低眉慈悲，纯金勾勒出的线条精致绵力，躯体圆浑泰然，近看远看都神采动人，神秘感人。面面玄虚，静如止水，有幽玄之缈境。画境幻化，是仙境亦神境。在作品前，那种纯粹的美，美中静穆的性灵，似心经，似莲花经，能让你我心灵顿时得以洗涤，得以静化，得以放空。他对勉唐派中金卡和黑卡的探索极为用心，取得很好的艺术效果，大胆采用繁简对比，取舍留空，但注意回避激情，保持庄严境界的传统基础上有现代绘画的余韵。作为藏族艺术家，桑吉的唐卡画风保持精严的传统,度量经的程式,唱出神像的造型健康、结构严密;金箔银贴与矿物色并重,吟出设色的庄重富丽;谨严的描线,圆润而沉稳,弹出美的流动与节奏。修饰得体,渲染适宜,恰如其分,也是他对艺术佛像的那种恭心敬意。作品始终有着圣严肃穆的质感,流淌着宗教的神灵气息,充盈着佛性气场。他的敷色、用笔、起止、收束,始终不温不火,精准到位,这不光是他画技的本事,更是他的一种心灵修为,一种澄澈寂静的内心外化。

他近年醉心古闽沿海的民间信仰妈祖文化。近期用了三年时间花大精力倾心创作表现妈祖信仰的大幅唐卡作品《神昭海表》,是其用唐卡语言表现民间信仰的探索佳作。作品法度精严,用线工整流畅,背景采用青绿山水画法衬以民间花卉图案,格外见出匠心。画面富丽堂皇,又纤毫毕现,极尽工细。在保持唐卡的传统美学元素外多了份民间性、纯朴味,在神性中融入了人性,有了份亲切。在唐卡程式化要素里,多了份个性和情绪色彩。这种探索不仅对其本人有意义,对唐卡艺术的拓展与丰富,不管是题材还是形式与语言都很有意义。探索唐卡表现汉族民间信仰,展露桑吉宽广胸襟,也让其艺术更多融入民间汇入时代,言说唐卡的时代筋骨。从事艺术,不应绕开传统,也不应避开当代,有传统的历史通道,就不飘浮,有当代的时代气息,才知站在哪里。桑吉深知此理。

若说传统文人画是感性的艺术,因情而抒,那唐卡艺术应属理性艺术,神遇而迹化。文人画是抒怀的,唐卡画是匠心的。匠心才可独造,才可神造。匠心是一种修行,一种艺术的修行,笔尖上的修行。

2017年2月底完稿于飞机上

小丘之美

郭沫若有句名言:"桂林山水甲天下,不如武夷一小丘。"郭老对武夷山的这句评价虽有溢美之嫌,却也点出了武夷山仙境之美的本质,即武夷之美,美在"小丘"。不同于桂林山水的平阔疏朗,武夷山的"小丘",美在以小见大,美在一步一景,移步即可换景,且处处皆景。实一"丘"字难了。

以"小丘之美"作为黄德鸿先生画集名,一方面是郭老的话带给我的灵感,更重要的是,这是我对德鸿先生这批新作品深切的观感与赞评,也是他这批新作品的审美特质与美学价值。德鸿先生这批专门表现武夷仙境的水墨作品,是对景写生完成的,却不是自然主义的简单再现,而是艺术地表现出"小丘之美",借眼中的武夷画出心中的武夷，画出其精神上、心灵上的武夷。作品不仅表达了笔墨本身语言的美，更表达出了武夷山的仙境之韵。这批作品美在一个"仙"字，作品有仙气之韵，有幽邃之意，充满了山水气灵，宛如雾遮云绕的仙境一般，那真是常看水雾气幽寂，忽看幽寂裹仙气。

武夷是黄德鸿先生成长的故土，也是滋养他水墨艺术的厚土。他用传统的笔墨用心用情地咏叹，真挚地表达出武夷山水的情调、意境和诗意。我很喜欢德鸿先生的这批小品，其笔墨虽无磅礴气势，但具万千气象，有大开大合的格局。他的笔墨表达，不是洪钟大吕式的诉说，而是温婉含蓄的低吟；他的画面感觉，不是一马平川的视觉感受，而是意犹未尽的心灵体验。仿佛天光云影共徘徊，有着"花看半开，酒饮微醺"的审美意境，欲说还休，令人流连。

黄德鸿先生用笔用墨有轻盈之美，似春风拂细雨，空翠湿人衣，极是亲近，甚是亲和。其笔墨似轻纱缥缈，似玉脂玲珑，漫着雾气，

黄德鸿 《无题》

透着仙气,东南仙境在水墨中悠然飘出,令人心驰神往。作品画面盈满了清静气质,似乎在烟雨里氤氲着柳永的词意,在云雾中充盈着朱熹的哲思,韵味十足。作品在笔墨的不断深化与调整过程中走向纯净,笔墨里浮泛着德鸿先生的细腻、灵气和性情。武夷的庄严感与永恒感,就在这缓缓的抒写中,展现得淋漓尽致。这是自然山水在笔墨上的升华,是笔墨的仙境,更是仙境的笔墨;画里的意境是自然之境,更是画家个体的心灵之境。我想,能把武夷画出如此的艺术感觉,倘若画家胸中无自然,心中无灵境,手中无笔墨,是难臻此佳境的。德鸿先生视武夷为自己艺术的生命本源,心存敬畏,赤诚相待,已是武夷即我我即武夷了。只缘数十年身在此山中,才识得武夷真面目,即此也。

德鸿先生的笔墨世界,是笔墨,又不是笔墨,那是因为其笔笔是武夷仙境,墨墨是武夷灵境。

2018 年 12 月 19 日

艺术之真

"真"是工笔画的语言优势,更是工笔动物画的艺术魅力之一。

工笔动物画的真,首先是所画对象动物的真,自然形象的真。动物自然形象的真,本身就是一种美,不同动物有不同的形象之美,即每一动物有每一动物之真的美,虎有虎气,猴有猴气,熊猫有憨气等等,可谓千姿百态,不尽数矣。这种美是自然之真的美,属真实之真。中国工笔动物绘画需要表现真实之真的美,但仅表现真实之真的美,却是远远不够的,它需要由真实之真迈向艺术之真。艺术之真,不仅指对客观事物的真切描绘与写真,更多的是指画家内在个人情感的真实表达,是由真实的"真"与个性内心的"真"相碰撞而产生，是客体与主体的真实统一，也是画家最真实的自我表现与生命力的发挥，有着作者的本相。此时的"真"，是画家出于对自然之真的感悟、感动，而生发出的思想之真、性灵之真、情感之真。要达到艺术之真，既需要作者具有描绘真实之真的艺术功力，如敏锐的观察力、谋篇布局的能力、用笔用墨用色自由表现的功夫等，更需要有人文关怀的情感以及对德行与善真美的表达。这时的描绘，不再是呆板的自然再现，而是审美的灵动与飞升，所谓"物有所触，心有所向，则沛然发之于文"也。这时的"真"才能打动人、感动人，唤醒人的精神与心灵世界，实现绘画作品的审美价值与审美功能。

中国绘画中的动物画一科，历史久，文脉积累厚，从战国楚帛画中的动物，汉画中的动物，隋唐壁画中的动物，两宋轴画中的动物，再到元、明、清的写意与工笔动物画作品，一路过来，动物画的艺术达到了一个相当成熟的

柳财顺 《舒爽》

高度，表现出中华民族绘画的智慧，在今日世界上是首屈一指的。对于祖先遗产，只知固守，不是好子孙，遗弃也不是好子孙，发扬才是好子孙。遗憾的是，当下从事工笔动物画的画家不少，能有自己面貌自己风格的画家也不少，但因在个人功利心与金钱唯上的价值观大潮的裹挟下，很多工笔动物画家的思想境界、画面格调显得低俗媚俗。他们对祖先遗产与文脉不仅未曾发扬，也不曾固守，反而堕落了，只知抄袭西方，抄袭照相机之术，却不知自家祖先有如此多可参考的好作品，可供挖掘的宝库。在他们的作品中，有自然之真的美的少，具艺术之真的美的更是少之又少，生机与生命力、气韵与意境也就更谈不上了。

　　财顺随我学画多年，近日即将再办小个展，要我写序，我借其办展，提出对工笔动物画艺术之真的看法，似乎与其个展不相关，但也不能说无关，提出与同仁们共商榷，也是对财顺更高的期望。财顺爱画、善画动物，其动物工笔画得到社会的认同。特别是近期工笔画笔下的动物，已显现出不仅是客观的彼物，且包含着财顺本人性情中温和的人文情愫。中国画向来追求形似与神似的统一，写意画如此，工笔画亦如此。我想，此时的神似与艺术之真异曲同妙也。工笔动物画易成难好，难就难在易陷自然之工，易坠入匠气、俗气，这就更需要艺术家有超越自然之真与功利的心、意、情，以此来温养自己的绘画，从而迈向艺术之真。很高兴看到财顺近期动物画的表现正在从真实之"真"向艺术之"真"的探索迈进。

艺术乃精神的载体，而精神的品格，决定着艺术的品质。难得的是财顺笔下的意境和格调追求向来不媚世俗，我期待也盼望他的工笔动物画艺术能百尺竿头更进一步，为传统工笔动物画一脉的传承发扬添砖加瓦。

2018 年 12 月 7 日

诗意田园

我向来认为艺术作品是有气质的。有如一个人的气质,虽无形迹,然举手投足间已可尽览。有的给人阳刚,有的给人阴柔;有的给人雅逸,有的给人粗野;有的给人高贵,有的给人低俗;有的给人儒雅,有的给人粗俗。艺术作品也一样。

杨挺先生的山水作品给人的美学气质是清新、秀雅的,是细密、温润的。如春雨,如春雾,如春水,温润浸人,清雅袭人,诗情怡人。

杨挺先生曾担任福建省画院副院长,虽职位并不代表一切,但就一般规律而言,学术职务往往可以说明学术追求的分量,这点上,杨挺先生的山水画艺术与他的职位是匹配的,艺与位配,位与德配。杨挺先生有很好的社会影

杨挺 《芳池曲径惬诗怀》

响,他本应名气更大、影响更大的,但他的低调,他的内敛,他的质朴,没有让他的世俗名气特别大,却获得了艺术界学术界的名望。我向来认为,名气是可以炒出来的,但名望是业内大众公认出来的。炒出来的名气是泡沫,终归是会消失的,而大家口碑公认出来的名望却能持久。杨挺先生这种内省的品质让他有足够的涵养,让他的作品充满着一种内在的艺术品质,有着深沉的审美力量,这会支撑杨挺先生的艺术走得更远更长久。我相信随着时间的推移,他的山水画艺术将会更为闪亮。

在福建当代山水画家中,洪惠镇、杨挺、林容生、梁明四位画家独具个性,颇有代表性,我都很钦佩。杨挺先生的山水,审美意韵有如古筝,其意如春江花月夜,其境如春天,如春风,轻柔拂面;林容生先生的山水,审美意韵有如二胡,其意如二泉映月,其境如夏天,如夏风,温热中有习习凉意;梁明先生的山水,审美意韵如一首交响乐,其意如命运交响曲,其境如秋天,似秋风,秋风扫落叶席卷;洪惠镇先生的山水,审美意韵则如古琴,其意如空山幽谷,其境如冬天,荒莽中盈着幽邃,如冬天里的北风,直沁人身心。

杨挺先生的山水重色善线。其用线悠扬,线条线性篆意盎然,线意如五线谱起伏轻扬。其用色淡雅,轻色如薄翼,通透清澈,重色如棉服,厚实沉着。其画以线为骨,以色为肉,骨与肉相紧凑,构织出田园的诗意,园林的词境,有如一首首乐曲,弹出悦耳的奏曲,让人眼醉、心醉。"人间有味是清欢",东坡的这词意美境莫过如此。

感谢水墨

古之达人,高人一层者,皆是情有所寄,不肯浮泛,虚度光景。情有所寄,然后能乐,虽只管耕耘,然待水到渠成之日,终有所成,直至大成。

谢水墨先生,厦门同安人,一位当代达人,一生为人师表,行为世范。清声华问,满身清气里藏着书香墨香的芬芳。谢先生一生以艺为寄,以文为寄,以水墨为寄。他以平和之心厚养心中之艺,以淡泊之心亲近书画艺术,书画成了其每日生命运行的重要部分和精神上的慰藉。不求闻达,但求舒心,虔诚事艺,恰是这种非功利,让谢先生的水墨艺术追求有了直抵中国艺术精神的内在规律,让其水墨艺术无一点媚俗之态,咫尺间有的是一种卓然独立的风

谢水墨 《无题》

神与骨气。

中国书画艺术向来是生命气质在笔墨上的外在生发。画为心声,书为心迹,观画如观人,画格即人格,画品即人品,画与人相辉映相映衬,也相表里。拜读谢先生的水墨花鸟,笔力遒劲,墨气淋漓。"尺纸忽然光素壁,顿觉天地十分宽",沈鹏老先生的这份评价,我甚有同感。谢先生豁达的天性,使画面的水墨语言有了自由挥洒的魅力;放旷的性格,使画面的空间与线条的书写有了轻松洒脱的气质。虽随意天真却不失法度,虽信马由缰却俯仰有度,逸放中有节律,自由中有节制,简淡中有文气,简略中有雅气,含蓄里有书卷气。其画有书气,其书有画气,其书与画堪称气相同味相投,珠璧联合也。长峰笔下流出的柔软缠绵的线,似乱而实整,气度蕴藉潇洒,裹着一股师者柔情与气骨。其用线用墨点线交织,外柔内刚,神气内涵,色空和鸣,意通灵境。谢先生水墨花鸟画中,鲜活艺术生命里的力度感、韵律感是他心灵舒旷的流露，是他心灵自由与内心自在淡定的涵养外化，是他生命意识与胸中禅心佛性的绽放，也是其水墨艺术的生命律动，是艺与道，更是人与艺的生机共振，是物我共融的气韵默契。"我更崇尚许多先贤大师流传下来的令人百看不厌的涉笔成趣、天真烂漫、韵味无穷的小画。丹青日月，水墨乾坤，境界之大，精神之足，全都从指缝毫端中蜿蜒流出。看的全是气概，全是境界，全是心志，全是才调，全是逸情，全是精深的笔墨功夫……"谢先生的这段话是美文，是其心得，也是其艺术见解。借用谢先生的这段话来评价其水墨艺术是再恰当不过了。

丙申冬，于友人处初见谢先生的四条屏大作，画的笔力墨气及笔墨功夫修养的高境界让我眼睛为之一亮，甚是敬佩。故于丁酉春特请友人引见，登门拜访，得以详观拜读其近年大作，得以听其对艺术的高见。以上拙言，虽短，但实为我访谢先生之后，对先生的人与艺敬重的内心实言,也大抵可视为我拜读其佳作后的观感。未与谢先生商榷,未知谢先生认同否?

水墨是谢先生的名字,水墨艺术是谢先生的艺术生命,更是其生命的艺术。其人生感谢水墨,我料想,谅水墨艺术也感谢谢先生。谢水墨,水墨谢,感恩水墨,故曰:感谢水墨。

遵谢先生嘱,以此小文复谢先生,并祝先生艺术之树长青。

2017 年 8 月下旬

原野乡情

画能感人必有质。

袁中郎曰:"文之不传,非曰不工,质不至也。"我想文章如此,绘画亦同理。无质之画如无质之文"华而无实"一样,无质之画仅是技的炫耀,看可看矣,可惜感人动人之处没矣。

吾友刘中兄有仁厚之心,行事内敛,外朴内华,是位有思想和哲理思考的艺术家。观其画作有文有质,文质相兼。让人惊叹其礼赞大自然的画技之美,更让人感叹其画中透出的人文思想、人文关怀,感佩其对人类命运和自然生命的关切和叩问。

刘中兄近作依然画着一贯的题材,动物与大自然,更确切地说是动物与草原与原野。题材似乎是古人有之,然已不囿于古人之藩篱。

材料依然是传统的中国画笔墨，然已去传统笔墨的陈词。刘中兄的画面似乎是长着青草的原野，似乎是长着稀落树木的原野，似乎是散落着稀松的木屋、牲口栅的原野，然这敷着阳光的原野，单纯却不单调。刘中兄用自己的笔墨呈现出一个纯净的明媚的清凉世界，在这世界里，风很凉，阳光很清洁，空气很清新，视野很辽阔。那无限清新的空气让人醉；那无限辽阔的视野似乎是透明的，无须过滤尘埃，透视苍茫而辽远。而这远离世俗与尘嚣的世界是亲切的，是亲近的，是可让人尽享的辽远寂寥的诗情世界。这世界静寂但充盈着生命律动，有着动人的肺腑之意、沁人之情，引发人们生命中的情思。刘中兄不是诗人，但其画却有着诗人的气质。画境有乡恋无乡愁，这乡恋是刘中兄心中悲天悯人的人文情怀，那是一种体现人类对大自然的眷恋和依恋，是人类与田野、人类与大自然的古老乡情。当然，也是刘中兄对当代人类与自然命运的追诉与述说。刘中兄近

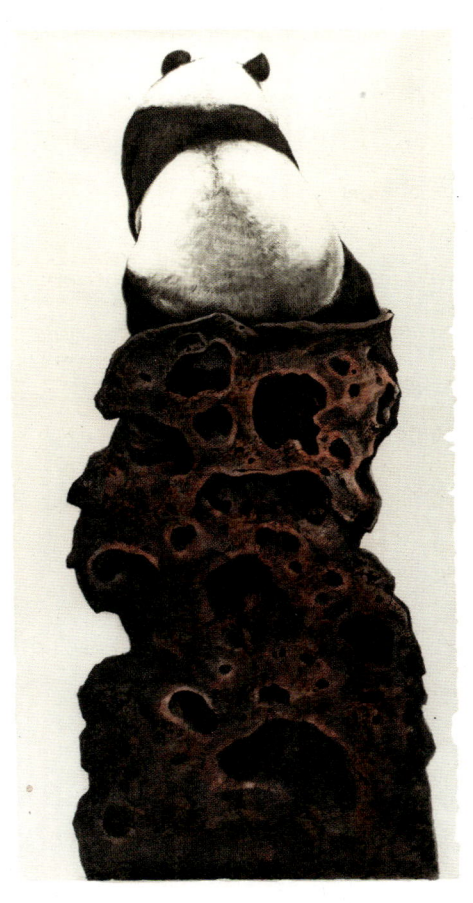

刘中 《雍》

作余观后复而叹曰:"画虽小技,然亦大道也。"刘中兄深得此道。

刘中兄用精致求真的写实手法,描绘大自然、描绘风情、描绘可爱动物,以艺术家敏感的感触、精美的技巧,捕捉视觉瞬间的感动,同时以丰富的记忆和联想,将大自然的细节、情境中的情节化为感动人的诗意画面。其笔下的世界是纯净的,这纯净的世界是其纯净的笔墨风韵构致的,其纯净的笔墨折射的是刘中兄内心的澄澈。刘中兄的笔墨风格非工亦工,非写亦写,工写相融。似写实,实写意,意在工写中。呈现的这片诗意的原野,是大自然的诗意,更是刘中兄心中的自然、心源流出的原野。其画中的大自然与原野有自然之美,更有人文之美。

刘中兄以表现的艺术形式再现自然,其作品中不仅表现自然之壮美、恒久的力量,更有对人与自然共存的生命思考。那种心灵与感官的微妙联系,那种自然与情感认知的互动,那种对大自然生命的咏叹，实是心中有大爱的艺术家的云水禅心。

刘中兄特嘱余为文，余应允从命。特再次拜读其近作后匆忙草就以上数言，未知刘中兄认同否？

丁酉年三月十二日

艺玄工妙

与张镇顺大可君相识多年。大可出生诏安，祖上有耕读之风。诏安是书画之乡，每一寸土地上都沁着书香文气，日久浸染，也就浸染出大可一身满满的艺术情怀。一动一静中，有三分书生意气七分闽南人侠气。

不管是为文还是从艺，善悟者终可得道。大可本是书法家、篆刻家、刻字艺术家。其书法，自小摹临，有童子之功。多年前初识大可时，对其书法就颇有印象，特别是行草。其行草用心追摹和汲取宋元法书之意、明清法书之韵，行笔间裹着篆意，对线条的翻转跌宕、起伏节奏、干枯墨趣会意用心。其篆刻，对皖浙妙绪，汉秦法度，用功临习，有独立的篆艺思

张镇顺 《福寿无疆》

考。其现代刻字与书法、篆刻相衔接，装饰中带有写意况味，殊是可观。尤其近年，生活稳定的大可潜心于书艺，进步长足。按常理，大可君当可成为更有成就的书法家、篆刻家或刻字艺术家，但在偶然与必然的因缘际遇间，与紫砂壶工艺相遇时，如铁遇到了磁，黏合了，默契了，无缝衔接了，无意间碰撞出更闪亮的艺术花朵——紫砂壶雕艺。这是大可人生的缘，艺术的分，也许是他的艺术归宿。大可目前的紫砂壶雕艺已雏具自己的艺术思考，具个人艺术面貌。而这门独具匠心的技艺，实为他长年来艺术修养积累渐悟而成，也是一次艺术的顿悟而得，是一回融合，一回跨界，更是一次升级版转型。此举让大可目前的紫砂壶雕刻艺术如侠客之剑，横空而出，受人关注。

关于紫砂壶刻的记录很早，但影响最大的应属清中期的陈曼生，曼生壶打开了紫砂壶迈向艺术的一道门。大可当下的紫砂壶雕，这种在紫砂壶上再创造的雕刻艺术，是对曼生壶刻的传承，更是弘扬。我用"雕"而不用"刻"称之，是因他的壶雕与常规的大众化的紫砂壶刻有较大的区别。既有紫砂壶常规性的刻，有阴刻，有阳刻，更有非常规性的雕，且雕的成分更是主体，近乎浮雕。有凹雕，有凸雕，有平有起，是一种雕与刻的交融之艺，这也是大可紫砂壶雕艺区别于当下大众紫砂壶刻艺的最大不同之处。大众化的紫砂壶刻艺，刻的往往是几撇兰花，几片竹叶，或一个词句，或一首短诗，以刻为主，简古明净。但从技法与内容，或说从内容与形式上有略显单薄之嫌。而大可的壶雕是一种立体的平面之雕，也是平面的立体之雕。立体者是壶体，平面者是壶面。"雕"既指大可的技艺特点，也是指大可的心，对紫砂壶雕虔诚谨饬的问艺之心——对其精雕、精心、精琢的这份追求，这份美的追索。

　　大可的紫砂壶雕是立体的，寓在多体壶上的立体，扁平面上的立体之雕，有立体的雕塑美；是平面的，视壶面为平面，以此展开，以壶面为画面，有平面之画面感；是整体的，集书法、篆刻、现代刻字、雕刻诸艺要素为一体，是艺的表达，是技的匠心，体现了一种清新的审美；是图案化的，取商夏铜鼎图案与样式，融秦砖汉瓦的图式，是传统纹样图案的当代演化。我对其近刻的几把釉面壶雕如《福寿无疆》等作品，甚是喜欢，在匠工中蕴藏着悠悠的古意。

大可是篆刻家，是现代刻字艺术家，他的壶雕有篆刻艺术的结构要素，有当代刻字艺术的形式与用刀的韵味。大可是书法家，在壶雕艺术中关注到了汉字的结构美和线条的线性美，注重在壶雕上尽可能地体现线条的笔意与书写性之美，是线的颤动，是线的曼舞。大可是画家，在壶雕中注重图案的美、造型的美、纹样的美，注重构成与装饰意味，是空间的诉说，是布局的言述。可以说，大可的壶雕是书法与美术的美满良缘。

工艺贵在精与工，精工之美需要匠心，匠心方可独造，方可精美，方可雅致，大可明此理。"因是工艺品，要有精细美，要有装饰味"，大可如是说。所以，他在壶雕中注入了匠心，悠游物内，得趣匠工，如苏东坡所言"留意于物，往往成趣"。壶是雅玩之物，是生活中的文房之宝，雅玩之物贵有文气，而文心则是文气之源，大可悉此道。其在壶雕中注重文字与词句的优雅，在整体构思中尽可能地存雅去俗，让作品多一分文意，少一分俗气。精工中含文心，匠心中显神韵，灵气中藏温婉，空白处传淡泊。刻中有雕，雕中有刻，壶面铺锦绣，刀下起风流，这是大可的智慧，也是大可对紫砂壶刻艺的发扬。

清人王士禛认为"根柢原于学问，兴会发于性情"。大可近年来醉心于艺的同时，用心德修，用心文修。岁月洗染，已略去少时狂傲之气，举止间有了份书生的斯文，难得，这是他月养年修滋养的成果。正是这份滋养，让大可的壶雕有了文心根基，这也是我深信他这门艺术的生命力强劲之所在。茶是大可的故友，壶是大可的情人。一壶在手，经其爱意的抚摸，一雕一刻，壶还是那壶，身形依旧，然珠颜玉貌已改，壶艺中的那份艺心那份美意，到底带着些许的温意，招人喜欢。

当然，我很赞赏大可君的壶雕，实为难得，且在当代壶雕中已有不少创意，但并非说大可的壶雕艺术目前已然成熟。他的紫砂壶雕艺术才刚放飞，如何飞得更远更高，绽放出更闪亮的光芒，需大可君以谦恭之态取他人之长，听高远之人的见地。更需大可君以恭仰之情承古人之脉血，接今人之精要。怀一颗虔诚之心，远离尘嚣，不受时俗与市场所扰，履古人所言"日习则学不忘，自勉则身不堕"为念，不忘初心。

大可此生或许会有不少艺术身份，可以是书法家，可以是篆刻家等等，但其安身立命的艺术命脉与人生价值首重应是这紫砂壶雕艺。香生玉尘中,未与大可商榷,未知大可君认同否?

      2017年6月下旬于土斋北窗下

流香映水

前些年,应是两三年前,友人向我谈起厦门胡育光,说他"对艺术非常执着真诚,为人亦是"。友人这一谈,使我想起第二届福建省写意画展中有幅作品《鹭过》的作者叫胡育光,是位新人,经查证,与友人所谈之人相吻合,我也就记住了这名字。不久,友人引他来我文心堂一叙,带了些他的作品来交流,之后也就相识相熟了。这两三年里,他多次带近作到文心堂与我探讨,我也直率地给了他些意见。古人言"君子成人之美",我不敢以君子自居,但时时以先人的君子之德规范自己,以古人之训自律,以先人古训为践行之则。当下时人,脚步太过匆匆,功名利禄诱惑太多,往往把古人之训忘之脑后了,而我自觉才识尚浅,不敢遗忘古人

胡育光　《云澹鹭徊》

之训。所以，我向来对比我年轻的从艺者，尽可能给予力所能及的推举之暖，对年轻画家胡育光也是如此。

品鉴胡育光的作品，对精彩之处我给予发自内心的肯定，对他作品的瑕疵之处，我也予以直面的意见。我的意见有时难免有鲁直之嫌，但育光对我评论意见的直面，显示出其难得的修养、涵养，透露出其对艺术探索的那份真挚与执着。我不敢妄称育光为我的学生，他是我师大美院的学弟是真的，在交流过程中我们共同商讨的一些艺术命题，料想对他在中国画品位的追求方面有了些许的影响，这从他近年画面上的变化可略窥出。如今，能明显地感受到育光创作水平的大幅提升，其艺术思想有了更深层的认识，艺术见解也明显有自己的见地了。在用色上，少了份火气，多了份明快、绚丽；在用笔上，少了份燥气，多了份大气、厚气。原先的俚俗媚艳之气渐渐退去，格调更上层楼了；原先的制作气慢慢淡去，绘画味增强了，尤其是书写的意味明显加浓了。原先构图的那种拼块组合的杂乱，亦逐渐散去了，中国画的章法在画面上逐渐凸显，画面的章法、构图上有了整体感、完整性。因为章法的逐步合理，画中的气和势不散了，且有了气的回转，有了势的力度与呼应。总之一句话，中国画的画味有了，画韵有了，诗性有了，虽然还未尽善，但这种转变已是极为难得、极为可贵了，说明育光现在的中国画作品有了中国美学审美的境界，向较高层次的审美品位跨了一大步。

厦门向来有花鸟画的传统，也有很好的花鸟画家，文脉相传、文香相续。在老先生中，洪惠镇先生是守望、守护传统文人画一炷心香的学者，著书立说，传道解惑，于推动传统文人画在当代的复兴上躬身力行，功不可没。林岑先生对传统大写意花鸟深耕力挖，其笔墨的厚道纯雅、格调之高，非一般画家所能及。近日相识的谢水墨先生，书中有画味，画中有书气，书画相生相长，水墨氤氲，那份散淡，那份随性，让人眼醉。郑景贤先生的用色之美，白磊先生的水气淋漓，他们都是个中高手、名手。同是画鹭鸟、画三角梅，郑景贤先生的用色用粉，以色衬粉，色粉相融的白鹭画法，白磊先生先泼后勾，边泼边勾，点勾相谐的红色三角梅画法，都各具特色，让人叹服。我未知育光是否受到他们艺术上的直接滋养，但我知道，他们是这片岛屿花鸟画文脉的香火，胡育光常年生活在厦门，有缘亲炙海岛上这一缕有温度的文脉，也是一种福缘。

　　育光为人实诚忠厚，厚道腼腆中有几分憨态。他不善言辞，更不夸夸其谈，但对世界、对人生，心中如天空一般的明朗。他选择工写结合的画路甚是契合其心性。他日前专注与坚守熟悉的本土地域题材，选择三角梅与白鹭为表现主题，一心用心专心地进行精深的探索，并以这两个题材作为自己笔墨与艺术精神不断锤炼的媒介，这也符合艺术的方法论之道。我对育光近期的《秋风疾》等几件大作品印象深刻，对几件白描作品亦甚是喜欢。观其今作，描绘深入细腻了，气息温婉而不失力度、厚度，意境也更加深远了。他坚持在写生中进行创作，在写生中感悟，在感悟中写生。他在写生中感知，感知花鸟本真的生命律动，感知花鸟的神情仪态，感知自己与花鸟之间的心灵互动，情感共鸣，在共鸣中书自己的心性，写自己的意绪，绘自己美的体验，传达自己对于美的情思、美的追索、美的叩问，践行着自己的艺术之道。艺术如书本，有不同的品质、不同的内容、不同的层次，就看阅读者如何选择。选择何品位何档位的书本，凭的就是阅读者自身的素养，显示出的是阅读者的水准和眼界，相信育光已知此理。

我向来认为，做人要老实诚实，做事宜厚道合天道，不宜投机，不宜讨巧，作画倒是不宜太老实，但仍不宜讨巧、投机。育光作画之道与做人之道相近，作画不讨巧、不投机。其近期画艺大进，画路渐宽，能画大画，亦能画小画。小画能抒情绪意趣，大画能重章法、重结构。其画能造意境，能渲气氛，工细中能含写意之韵绪，繁杂中能蕴概括简约之层次，在大开大合中有呼有应，在呼应中兼有气韵的流淌。既包含静中有动的力量，又不乏动中有静的意调。画面有了生机，有了灵动，有了入眼的美，有了入心的情。当然，育光的艺术探索还有很多关口需要迈过，如何让花有流动的生命感，如何让鹭鸟更有情趣、更加拟人可人，如何让花与鸟更有意象与人格，如何让花与鸟在画面上更加谐善，这都是值得育光去思考的。绘画展露出来的是心性情缘，有些是生活中美的片段，有些是心中藏着的美的旧爱与新欢，至少是心中美的情绪意趣，总之，要沾得上些许的美的情感才能感人。我想这就是情的流香，情的映水。

近日，育光携近作来访，感其近作有幽深、静谧的意境，更感其"半生心事诉梅鹭"的心灵述说，用"流香映水"为本文的题目，与育光共勉。此短文,并非称许育光的艺术已臻完美,但我对育光近期画艺的长足长进确实十分赞赏,更因其为艺的至诚,为人的至性,为事的至真,在吾民族德本审美价值评判体系里,我看到了他德修的难得的可贵的一面。

2017 年 9 月上旬

泼墨交响

史载唐人王洽始善泼墨一法,惜今人吾辈无从见其真迹。至近代,经黄宾虹,特别是张大千发扬光大,终成一时之风气直至时今。

"泼墨"一词,直接的理解即用大笔在画中写出,或将盘中之墨,或浓墨或淡墨,直接倒入或泼向纸上而成为泼墨也。一个"泼"字生动且形象,既点明了此技法的特点,更演绎了此技法的审美价值。"泼"字似乎更接近于感性宣泄,而宣泄更有利于感情的注入。"泼"字的动作本身亦颇似行为艺术,一种有情感的艺术行为,而有情感的行为更易产生感人的画面,作品更易以情感人,以情动人。所以泼墨此法经善用者的艺术家之手,泼出的作品能让人品出作者的胸中之气、心中之性情。梁明即是此中

梁明 《雨过山色青》

之高手也。他善用泼墨之法，借从小生活的故土，熟透于心的闽西山水，特别是闽西民居土楼等熟悉场景，假借眼中之故乡，泼出其心中的故乡，泼出其心中的山水，泼出其心中的情、胸中的爱，泼出其对故土乡愁的眷恋。观其泼墨山水，画面之气磅礴、之势畅快，云水烟霭，温润苍翠，墨气清缈通然。

泼墨经近代张大千先生发扬，张大千先生对中国泼墨之法在山水画创作的运用、发展和丰富是甚有功劳的。梁明传承了此脉泼墨山水之法。他凭借其对故乡土楼的切身感悟，对土楼文化内涵的把握，把乡土气息与大自然勃勃生机对接，把土楼与天地对接，把土楼与宇宙洪荒之大时空观念对接，大胆超越山川具体形貌，融入部分西方审美理念与艺术元素，在写生中升华心性，在创作中升华价值。用笔墨创造出一片属于自己、属于个人的泼墨山水世界与心灵的土楼回响，表现出一种天地之大美，犹如一首交响乐，一首关于土楼的泼墨交响。

源于对眼中闽西故土一山一水的熟悉并了然于胸，源于其近年对泼墨之法的深入而大胆的尝试，其泼墨山水作品中已能流淌出他对这方水土的挚爱之情，更折射出他个人对泼墨之法的艺术自信。梁明的这种艺术自信使其近期对泼墨新法的尝试更具学术探索性和前沿性，他大胆而从容地丰富泼墨山水的技法，已趋现有个人艺术语言形式意味的语境。其近期泼墨山水作品中的墨色墨气墨韵充满着流动性，在泼的收与放的对比中，有着完整的统一性、整体性，有一种气概的力量存在。其大片的泼墨中，在浓淡墨色间流淌与交融的变幻中充盈着抽象之美，而这种抽象性与画面中闽西土楼等具象的对比，又使得画面在虚与实的对比中产生中国式的意象之美。这是一种来自熟悉生活的艺术，一种来自生活又与生活本身一样有生活活力与张力的艺术，而这种艺术情缘让其作品有一种温度，一种温情，一种心灵的温馨与冲击。

梁明的泼墨山水虽取材于地域性题材,但他的艺术思考不局限于地域化特色,而能够与中国绘画的整体与历史连接起来观照,观念与理念是放眼当代全国山水画的视角,能够在写实勾染与泼墨写意的大开大合的构成对比中,让笔下传统的笔墨在对地域题材的探索中具有大的格局和气象,形成气蕴和律动。不因题材地域性使笔墨语言狭窄地域化,而是突破地域化并升华为个人的艺术品格。地域题材如何走向当代性,如何走向大格局化,如何提升地域题材的艺术品格与气象,梁明所做的这种探索无疑是具有积极意义的。

2016年中秋

回眸乡愁

启华是我的大学同学。他从事油画创作，我从事国画和书法研究。我虽未涉猎油画，然工作所需，也是兴趣使然，对油画、漆画、水彩等画种的学术前沿、学术方向始终关注。对老同学启华的油画创作更是一直注目，他的创作历程我是比较熟悉的。我对他近期的油画风景作品是竖大拇指赞赏的，可以说，他近期油画风景的写生与创作是其艺术的新阶段，展露其难得的艺术敏锐力，其艺术探索也进入了相对自由表达的状态，殊是难得。

中国美术学院院长、著名油画家许江先生对福建油画有个观点，给了高度评价，认为福建油画艺术和油画家有很好的传统和源脉，重写生、重品质、重色彩，高雅而谦逊。我非常有同感。这得益于福建油画界奠基者前辈谢意佳、林以友、高一呼三位著名油画家,他们以开创性的艺术高度和艺术影响力为福建油画,特别是以福建师大为摇篮的这一脉的油画艺术奠定了良好的文脉品质,影响承传了一代又一代的油画家。启华大学时代直接受业于林以友、高一呼两位名师,对色彩、色调、构图、结构、画面处理等油画表现技术进行系统学习,有了很好的掌握。一方水土养一方人,一方文脉育一方艺术家,启华兄无疑是这一脉油画香火的受益者和传承者。启华近期油画风景作品,很好地体现出这一艺术文脉的特质。能在写生中以追求诗性的意蕴耕织着自己的画境,在写生中追寻个性化的绘画语言,色彩格调清新自然,色调明亮,注重整体统一。体现他对自然山水的生命感悟,寻找让绘画回归自我心灵感受的本真倾诉。可以说,启华在这批风景作品中逐渐找寻到属于他自己的自然朴素而唯美的心灵家园。

在中国艺术发展历史过程中,写意逐渐演

江启华 《待发》

变成一种艺术精神和理念，成为中国绘画的一种特殊美学品格，是中国艺术精神的集中体现。在中国油画的百年历程中，意象化或写意油画一直是国人挥之不去的文化情结，油画先驱徐悲鸿、林风眠、关良、常玉、吴大羽、吴冠中、苏天赐等一直是先行者，并形成中国写意印记的作品而受国际重视。让传统中国文化精神在与世界文化的对话和共同发展中更显价值。写意与意象精神的追求是近年来中国油画界特别是油画风景画家的共同向往和艺术自觉。启华近年的油画风景写生对意象化和写意精神的追求，与这一时代审美追求趋势同步，在主观与客观际遇中探索，展示出其对传统油画语言的现代转换与传达的思考，生发出其对意象与写意的精神叙述，呈现其对诗意的追求与向往。

"画中最妙言山水"，妙在何处？妙在万千自然中具有使自我生命得以满足的养分，一种超越精神的性灵感应。美国著名的风景大画家怀斯曾说："我的作品是与我生活的乡土深深结合在一起的，但是我并非描绘这些风景，而是通过它来表现我心灵深处的记忆与情感。"或许是启华自小受"尚书第"那古朴厚实的美学浸染，也许是泰宁古城醇厚的文化风尚滋润，其近期一批表现故土家乡的作品中，不仅充满灵动的气息，且充盈着含蓄的情感，让人甚是亲近，一种真诚与朴素乡愁美意溢于画面。透过画境，能看到其对审美的品格与情趣的追求，也能感受到其率真、纯朴的性格，豁达、开朗、阳光的性情，内心真挚细腻的情感，也能反映出启华对油画艺术无法割舍的情怀和对大自然的思绪，那种淡淡缥缈的情愁。当一个艺术家在散落的记忆中宁静体悟大自然的生息与艺术本体的意趣时，其发自内心的美感表达定会使作品有一股纯净的力量，这种力量会让观者共鸣而感动。我想，乡愁的美感正是这种内心情愫的流淌。这是艺术家追寻的艺术理想的一种境界，启华无疑也在追逐。其近期表现故乡的油画风景作品从美学上能折射出其内心的这种乡愁情怀与思绪,无形中赋人文情怀以对作品的精神提升,颇好地做到内心情感表达与对大自然咏叹的契合。

绘画过程不仅仅是艺术技巧的满足,而是为艺术家提供了一个体证生命的历程,是通过对画境的探索体现艺术家对生命精神的感悟。当下,处在多元文化碰撞交流并存的大时代,这对艺术家的思想是一种滋养,同时对艺术家的思维是一种挑战。如何在多元碰撞中坚守自己的创作思路,坚守自己的语言探索,都面临着抉择。我相信,凭启华的才情,其前行的艺术道路是宽阔的,但如何迈向更高的境界和学术高度,同样面临着选择。瑞士思想家阿米尔所言"一片自然风景是一个心灵的境界",无疑给了我们最好的诠释,并以此句与老同学共勉。

有感而发散记以上数语,简述欣赏其作品的感受。

2016 年

几分幽邃

山水画在中国绘画中一向与花鸟、人物成鼎足之势,具悠久的历史传统和优良之民族风格。从最早魏晋、南北朝从属人物之配景,至隋唐独立成科以来,无论是水墨山水,还是青绿山水皆代代相承,呈蓬勃之势。山水画不管是经典作品还是山水创作典论皆蔚然大观,山水画的创作与审美思想是中国美学体系的一部分。宗炳的《画山水序》及王微的《叙画》,不仅奠定了山水画创作的理论基调,其远取其势、近取其质的核心逻辑更是影响后人山水画创作的审美方向。其后,北宗山水的雄强壮美与南宗山水的平淡天真,其空间视觉使这一逻辑和思想深化而成一体系,承载着中国人文领域里甚为深邃的寄托,是中国文人画家独特的一种道白语境。用笔墨描摹自然山水之际，倾吐内心无限的天地爱恋和优雅韵致，山水画中的这种诗意栖居的人文追求，是吾民族人与自然和谐、天人合一的哲学思想在艺术上的呈现，为中华民族宝贵艺术思想遗产。

吾友李亮，我大学同窗，毕业后长期生活和就教于闽北武夷胜地。余常言"一方水土养一方人，一方水土养一方艺术"，李亮兄久居武夷，武夷之文脉地气浸润其身其心。不管是武夷胜景抑或山村乡野，李亮兄皆能入心动情而入其画中。自广州美院深造回来后，其在闽北乡村的对景写生描绘更勤了，画面的田园精神与诗境渐显，其俯视的视角让朴真情怀流露，让观者颇感乡恋乡愁的亲切。受岭南画风之影响，画面中更多的是以阳光明亮、饱满浓烈的色彩来表达，色块色点与墨线墨点相碰相撞中显一片生机，呈一股活力，亦显李亮兄此阶段的心境与艺术追求之理想。

李亮 《五夫古渡口》

近日，李亮兄赴中国美院访学，浙派的水墨语境让其迷恋。其近日的山水画作品一改过去"好色"之痴，转而以水墨韵致见长，在视野上也从过去"俯视"转向多视角，从单点转向散点，画面视觉多了份开阔，多了份浑厚，多了份丰富，多了份整体性，其画境明显多了份静深之意，其用笔用线多了份柔软的情态，墨韵也有了更多朦胧的层次，让其山水画气质上多了份韵味，有了份幽邃与幽婉。与李亮兄近年来为人一如保留青春时热情外，修为上多了份深情与深沉相一致。

不管是以墨为主还是以色为主，李亮兄的作品皆以写生见长，以写生修养来张扬山水画的笔墨魅力，以写生实践来探索独家之风貌，努力将西方写生观与吾民族古时之写生理念融通用于个人笔墨修炼中，在纪实的叙述中融入个体诗意的情感追诉，呈现其静观自然与人生的生命体悟。

吾与李亮兄相稔，其邀余为其佳作写一短

文,然相隔两地,未能很好与李亮兄商榷,然吾确信对李亮兄的为人为艺是了解的,也就略加思索,一气写下此短文。李亮兄的佳作不少,其山水画艺术水平也是甚佳,此文谨能略述及李亮兄艺术特点与优点之一二而已,然吾确信这一二李亮兄定是同意的,因我确信李亮兄的山水画是"真"与"美"的艺术。

2017 年 12 月

纸上云烟寄乡愁

乡愁的情感，于中华民族而言，有一种特别的敏锐细腻。这情感可以是地理的，如对故土的眷恋；可以是时空的，如对往事故旧的念想；更是人文与审美的，如对文化源头与古典精神的追古情怀。张秋桔近年的山水作品从美学上很明显地折射出其内心这种乡愁的情怀与思绪。

张秋桔出生于书画之乡福建诏安县，钟灵毓秀。宋时，此地有陈景肃、吴大成等学者名士在渐山建书院读书讲学。至明清时期，更是文风炽盛，文人艺术家辈出，在清中期形成的以谢琯樵、汪志周、沈瑶池为代表的诏安画派，其画风影响及于福建、台湾和广东等地。现当代，沈耀初、林林、沈福文、沈柔坚等名家在

张秋桔 《渔歌唱晚》

艺坛享有盛誉。生于斯邦的诏安人，闻此风、汲此流，斯文尔雅，对传统文化特别是书画艺术有着天然的敬畏和挚爱。历经时代变迁，这种淳朴、儒雅的民风依然得以较好地保存下来，铸就了诏安崇文尚艺之风尚。

张秋桔在这样的环境中成长，自小受熏陶浸染，天生自带良好文化基因，且凭借过人的艺术禀赋与勤奋执着，其近年来在全国、福建省美术大展中屡获嘉奖，引人注目，在美术界显露头角，是福建省优秀的青年画家。

近年，秋桔以诏安的景色为题材，创作了一批表现故乡美的山水作品。对一个在外的游子而言，故乡的景色总是最宜人最入心的。乌山的雄奇，九侯胜景的清幽，钟门巨浪的壮阔，以及那些散落在山脚田野的村舍，无不洋溢着画家对故乡山水的真切情感和美丽乡愁。秋桔在回乡写生中，选取了故乡有代表性的自然和人文景观。一间小庙，庙边一亭，临溪而筑，溪流中小小的瀑布，流水欢歌，青山和鸣，也许这就是他最早接触到的自然美景，而这样的美景记忆伴随着人生岁月的转逝，依然沉淀于心底，即便是后来游览无数的名川大山，依然是他心中最美的风景。这样的故土乡愁，是地理的印痕，亦是岁月的流深，更是内心情思的诉说。作品中的一山一石、一草一木、一云一水，都深藏其对家乡深深的眷恋情感，是其对故土乡愁的表达，这样的作品是亲切感人、温情亲近的，让人心生欢喜。这批作品已经有着其鲜明的个性语言。他在大胆吸收郭熙、范宽、渐江、倪瓒等人的图式与笔墨形式基础上，结合自己写生时的内心感受，很好地糅合现代绘画的形式感。在保留传统笔墨技法的基础上，大胆使用色彩，用笔多方笔，山形结构多方折。作品构图奇崛不落俗套，且色彩绚丽而又能归于平淡，画面寂静幽远，秀润中透出雄健之气。

近期，秋桔进入一种新的艺术状态，创作了一批有新突破的好作品，我特别赞赏。如《秋声》《雨余春色浩无涯》《丹霞印记》《云水谣》

《秋山净如洗》等，诚为佳作。这一系列作品中已不是简单的技法展现，而是能将个人内心的悠然、温润甚至冷寂的情感交织一起融进作品中，画面出现了一种比较温文尔雅、温和雅致的温润之美，呈现出很好的审美意象。画面意境在宁静中得到了进一步的升华，宁静不寂寞，生命的力量依然蓬勃，呈生动的空蒙空灵的艺术世界，使观者深受感染，涤荡心灵。这种艺术语言的审美逸趣让人想到展子虔的《游春图》、赵佶的《瑞鹤图》，堪称一脉而承。

秋桔的这批新作，大胆运用中国艺术的象征与寓意的表现手法，让现代设计理念隐现其中，让形式与理念平衡，有着很强的构成感意味。且有诗性的意境，气韵清渺通然，画面充盈着婉转迂回之气，溢出一股正中其心而又疏出一方距离的不可名状之感。他取法乎上，大胆吸收山水画诞生之初的那种空勾或略勾无皴，用线多圆线，山石结构多圆转，色彩采用烘染平涂相结合的手法，画面整体亦古亦今，亦静亦幻，静拓于心，空明弘阔，清微淡远。不仅展现秋桔自身的艺术能力，更体现出其良好的艺术感受与判断。他不趋时风，不是对传统进行解构与重构，而是对传统进行文化乡愁的追逐与寻求。从文化传承上进行脉络续接，从古典精神里进行基因传递。可以说，这批作品意味着秋桔的创作转入一个新的境地新的阶段，是非常难得和可喜的。

当然，对于有着晚熟规律的中国画画家而言，秋桔尚属年轻，艺术积淀、人生丰富、艺术语言、艺术修养等积累还需要不断精进。然凭秋桔之艺术天赋，相信假以时日，秋桔的艺术会更加成熟。

诗性的守真

雪岛兄是一位为人为艺皆诚挚且颇富诗意生活的画家。他有现代高等美术学院教育的背景,以中国传统绘画的古典精神为依托,站在新的学术视角上,向世人呈现其强化现代形式感,强化色彩表现力,强调造型与结构处理的审美特点。诗性意境与现实守真是他的艺术追求。

人的生命基因有遗传,且对人的生理与心理起决定性作用,而文化的基因也一样有传承,一样对一个人的文化品格与文化品质起关键性作用。只是生命基因已因科学的发展得以验证,文化的基因目前无法用科学予以验证,但是文化基因传承的规律是存在的,犹如空气,看不见摸不着,但是是存在的。所以古人言"一方水

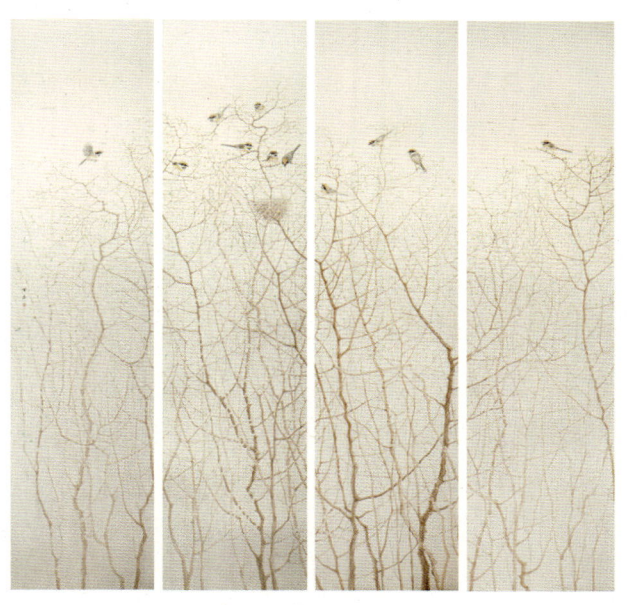

雪岛 《江南早春》

土养一方人"，同样，一方水土养一方艺术。

　　雪岛兄出生于江南鱼米之乡浙江，浙地自古文风昌盛，文气浸人且文人艺术家辈出。出身江南的雪岛兄自小耳濡目染，天生自带文化良好基因，而这良好的文化基因和一方水土养一方艺术的人文规律与文化乳汁随岁月的推移与沉淀，在雪岛兄近年的艺术创作上不期而然地得以彰显。如若说在岭南接受高等美术学院的规范训练，为雪岛兄打下了良好的造型基础，并彰显良好的创作思维和笔墨表达能力；出生江南的文化基因，则使雪岛兄身上与生俱来的文雅气质转化为艺术创作上呈现出淡逸与含蓄的格调，呈现出清幽、深邃、静谧与安宁的意境。雪岛兄日常生活一向颇有江南文人之风，生活细节精致讲究，生活方式冲淡诗意。近年来随着雪岛兄行万里路之见识的拓宽，读万卷书之学养的厚积，其艺术追求上求纯求清求静求净的人文清雅气格与诗性审美益加明显，这都得益于雪岛兄出身良好的文化基因和多年岁月中人文涵养的自觉沉淀。

先天的文化基因往往决定艺术的品格与艺术的气质,后天的人生阅历、艺术积淀历程与生活背景则影响着艺术家的艺术审美观念与审美情趣,也决定着其艺术的高度与厚度。雪岛兄求学于岭南,多年的岭南生活,岭南粤风的文化气息无疑也影响着雪岛兄的创作道路。岭南画风的现实性求真艺术表达,以及岭南画派的技法与对创新思维的追索,对现代形式感和色彩表现力的追求,强调写实性造型与结构处理的艺术方向无疑让雪岛兄受益匪浅。岭南多年的学习和生活的蒙养让他有了更加开阔的思维与视野。而在古闽海上丝绸之路发祥地泉州古港的长期生活和八闽美术闽风的浸染是雪岛兄艺术人生与创作的另一个无形的文化观照与滋养。闽南人对传统古典精神的敬仰和海洋性格开放思维的并存,古风纯朴及现代开放的并存,这种豪爽热忱的纯朴之气无形中滋养了雪岛兄的艺术学养与为人处世的式范。艺术上的闽风特征如闽人善用线,闽人漆艺的凝重玄秘幽微之境,闽人对自然与现实的朴正守真审美品格,在雪岛兄的作品中有着自己的思考和表达。

雪岛兄近期的工笔画作品,不管是花鸟还是人物,在诗性意境追求中,对画中形象富有形式意味的真实性守真美感表现,那种朴实美的表达,更显示了他诗性追求的亲切清新与温情,让作品富有亲近感。很好地表达出雪岛兄对人对自然,对与所表达对象之间托物言志情绪的融合共生。而这种对形象守真朴实的执意追求与和谐表达,也让作品在流露出感人的真诚之外,多了份凝重永恒的真实感,多了份朴茂高远的纵深感。可以明显地感受到,雪岛兄在追求传统精神意境的同时更强调"生活",以现实为本以生活为范,强调真实的写"生"与写"生"的感悟,强调生命律动的真实与真实的生命律动,强调作品表达对象即人与自然的生命张力与生机,强调守真朴茂的生命韵律与真实感。而在雪岛兄的写意作品中，对笔墨与画面结构形式的大开大合，大胆的对比性手法则让我们感受到强烈的审美触动。其近期的石头画则让人领略到雪岛兄随物赋形的另一类艺术表现能力，让人感慨其艺术创作力的丰富。

而有以上这些感人的笔墨品格，离不开雪岛兄对艺术的执着，对创作的用心投入，其勤奋几十年如一日的坚守，尤其与他笃静的性情和守静的内心分不开。"心收静里寻真乐，眼放长空得大观"，一个内心守静的人才能真实地思考问题，才能为人从艺不骄矜、不浮躁。守静的人思考易深入，所以易获得人生体悟和艺术感悟，守静的人才能发现生活中的幸福与美。雪岛兄在生活中有一颗淡然的心，人生态度泰然，有追求但无贪欲，所以他能在纷繁中找寻内心的超然与安宁，其近来的人生更加豁然与开朗，艺术也就获得了一份宁静与朴真之境，让人感动。当然，并非说雪岛兄现在的艺术创作已十全十美。中国画是晚成的艺术，已近中年的雪岛兄越来越注重学养，对中国画传统精神与笔墨的修养见解日趋深入，相信他更多彩的作品亦还在艺术人生精进历程中。

老子说"大方无隅，大象无形"。人生与艺术的最佳境界，往往不拘泥于某一点，而能惬意地表现出气象万千的面貌。厚德载物，兼容天下，时时吞吐吸纳自然之美，饱满丰富自己，且不断超越自我，使自己的作品变得更加丰富。假以时日，相信雪岛兄必更为趋近艺术之大成。

2016年夏

南腔悠长

徐杰先生与来自北方的画家韩东先生举办书画联展,特嘱我写点东西,老友之嘱,恭敬不如从命,粗略刍议,以表敬意。

先谈一下对展览的感受:展览取名"南腔北调",虽带有几分诙谐、几分幽默的情致,却颇能说明此展的实质,扼要点明南北二位艺术家的作品品格。"南腔北调"不单点明此展览二位艺术家书画艺术的特点,也简明地概括出南北方艺术品格的不同。北方的艺术确实是重"调"的,调是铿锵有力的,北方的书画艺术整体感觉在审美视觉张力和画面的气势上胜于南方。而南方重"腔",腔是婉转悠长的,南方的书画艺术整体感觉在意境和诗性上优于北方。我与画家韩东是初次见面,方才看了作品,确实很有北方画家的审美视觉张力，画得很有特色。因对他不了解，我就不宜多发表个人看法。我着重说说"南腔"味的徐杰先生。我与徐杰先生亦师亦友，是相交相知数十年的老友，以老友的角度解读一下他的书法，谈谈他书法中的"南腔"味。

一、有人文情怀的南腔味。徐杰先生不仅是书法家，还是非常优秀的词作家和散文家。不管是什么艺术家身份，依我与他几十年的相知，可以说，首先他是一位内心充满人文情怀、人文意识又具有文人士夫精神的艺术家。他有宽广的知识阅读与厚实的人文素养的积淀，对人生对社会对世事洞明而不世俗，思考有着历史意识的眼光与人文关怀的深沉，是一位内心有哲人思考和丰富民族情怀的文艺家。他以自己的学养和人文情怀直抵入书法，换而言之，他是用人生阅历来体悟书法笔墨的精神，用人文素养来体悟书法线条的内涵。他从事书法创作数十年，从来不惑于物质不惑于名利，不困

徐杰　《卷帘尽放春愁去》

于人生五味，他以澄澈之怀人文之情的器识涵养笔墨。他书法作品的格调，线条的线性与线质，以及书写的词句内容融合一致地透出他的人文情怀、人文关怀、人文精神。

二、有人文修养的南腔味。徐杰先生不是学者，但有学者气质和学者涵养。他爱读书，善读书，饱读文学诗词，更涉览历史、哲学，其情、其理、其怀无一不是学者本色，文人气质。他的书法有意无意间流淌出文人学者的人文情趣与诗性追求，笔墨间线条无不体现悠长雅趣的人文意致。徐杰先生的人文修养还体现在他敬重文脉、敬畏传统。他的书法根植传统正脉，他大量地读帖临帖，好古入古，追摹书法传统的古典精神，所以他的作品能体现出古典形态的美意。徐杰先生的人文涵养还体现在他关注当代书风，谨慎吸取当代书法形态，开放吸收但又始终与当代书法时尚的流行之风保持适当的距离，这种距离确保了他的书法品格不流俗、不媚俗。他能与古为徒又注重与古为新，他追古但不泥古，他为新但不追时尚。他以一种理性的人文关注追寻具有人文品格的内质之美，这种具有内质之美的书法艺术给人以文质彬彬之美。不是视觉张力的冲击，而是温文尔雅的人文润泽；不是寒风凛冽的视觉暴力，而是春风拂面的审美温情。我常说从艺之人有了文脉传统的历史通路才不会漂浮，有了当代意识的时代思考才知道路在何方。这是一种远望当归的历程，有了通路和方向，才能构筑更加坚定的文化自信。

三、有人文格调的南腔味。因为有了人文的情怀、人文的修养，徐杰先生的书法体现出很好的人文品质的审美格调。这种人文品质的审美格调体现在其书法品格上是气韵高雅，体现在其笔墨线条与结构结体细节上，透出的书法品质是气息高古。他用笔不凌不利，不急不躁，平和舒缓，一派斯文。不浮不躁，温雅沉实，有君子之风。其用墨洁净单纯，用笔力道简洁，笔墨线条间呈现的是格调的洁雅文雅，结体开合间呈现的是审美气韵的彬彬文质。书法是徐杰先生数十年人生的生活方式,更是其中年以后内心的修行方式。其笔墨表达发自本心无关乎名,无关乎利,是自在的表达,是自由的抒发。恬淡的心境所怀抱的笔墨是风雨归舟的怡然与欣然,这样的书写是一种精神铸炼的历程。他没有刻意追求书卷气,然文雅之气自现;他无意远离俗世,但静雅恬淡自现;他无意追求苍劲苍茫,然苍古高古之意自现;他无意追求大江东去的豪放,然春江水暖的温婉亲和自现。这种温婉恬淡的审美折射出的是徐杰先生对人生体悟的旷达与历经世事沧桑后的豁朗。这种人文的芬芳是一种可贵的文艺功能,也是民族书法艺术的高贵文艺品质。

其实,徐杰先生的书法可贵之处不止以上这几点。当然,我谈这些并非说徐杰先生的书法已达完美,没有不足,而是说他的书法艺术已具有这些良好的美学价值,我相信他更好的精品还在今后的创作历程上,谨借以上几点刍议对老友徐杰先生取得的书法成就表示由衷的祝贺。

    庚子春节定稿于文心堂南窗下

情真更抱朴

在中国书法史上,女书法家虽不多,但依然闪亮在中国书法的历史苍穹里,如卫夫人、蔡文姬、薛涛、管道昇、邢慈静等,她们像不陨的星辰,闪烁的光芒穿越时空,直至今日。在福建书法史上的优秀女书法家,远有黄道周的夫人蔡玉卿,近有民国才女游寿,陈秀卿先生则是继游寿老先生之后又一位难得的女书法家。当下,福建书法界还涌现出多位书法艺术颇佳的年轻女书法家,当然,因她们还年轻,最终谁能成为继游寿、陈秀卿之后的女书法家代表,尚需时间来检阅来淘选。

作为一名有影响力的书法家,陈秀卿先生的成就为大家所公认。她不仅在女书法家群体中显得耀眼,在全国书法界中也是引人注目的。在福

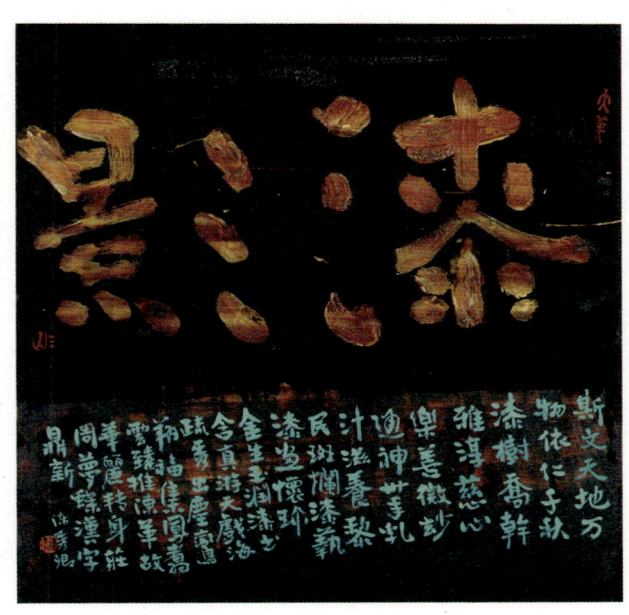

陈秀卿 《无题》

建书法界，她则是实至名归的"大姐大"，她的人品、艺品均受到大家的敬重。作为书法家，她的成就体现在多个方面，依个人拙见，最能代表其成就的应属行草书、刻字、漆书三大艺术门类。

首先是行草书成就。陈秀卿先生书法从名门正脉出，其师从钱君匋、罗丹两位名师，实可赞谓"名师出高徒"。其书法多体皆擅，能入古又能出古，特别是行草书更显自家风流，甚受同仁赞誉，也为大众所喜爱。沈鹏先生评其行草书"大胆而审慎的空间分隔，婉而愈劲、通而愈节的点线，洋溢着生机与独创"，赞其"质朴、自然"；张旭光先生赞其"文雅最难得，因文雅之于书法，应该是最高境界的追求"；熊秉明先生也高度誉其行草书是"诗意的书写"。余品其行草精品，在艺术品格上既有书写的法度与严谨，亦有书写的适意与抒情，自由、萧散、空灵，有晋人风流之神韵，给人以自由、轻松的精神享受和欢快、愉悦的心灵之感。这种适意抒情的审美品质，正是其正向能量的心灵流淌，是其内在佛学修为内敛自在的外化，是精神上的，更是灵性上的。这种审美品质是女性艺术家的和颜，更是母性慈爱的悦色，观之会有与艺术家心灵同构的欢悦，让人亲近，又留恋不舍。这种诗意的书写，其笔墨线条之美呈现的不是刚骨，而是绵力，是生命力的蕴藉，展现出陈秀卿先生作为女性书法家的至情至性之美。"乍观似凡，愈看愈奇，星花水月，怒海崩山，瀑腾泉落，戟舞马驰。畅而不浮，涩而能浑。复化浓为淡，无态涵万物。得童稚味，格高韵远，不可端倪，其艺神矣。"这段其师钱君匋先生对其行草书的评价实是恰切。

其次是刻字艺术成就。陈秀卿先生有"刻字之母"的美誉，这四个字充分说明了她对现代刻字艺术事业的贡献，也说明了她自身刻字艺术成就的高度。她对现代刻字艺术事业的贡献，主要体现在两个方面。一是在刻字艺术事业发展过程中，她是参与者，也是组织者、领导者和推动者，彰显她作为历史推手的力量和作用。特别是对福建刻字艺术的繁荣,她有着举足轻重的作用,做出他人无法替代的贡献。二是她对刻字艺术理论建构的思考与力行。在现代刻字艺术刚萌芽之时,她的十几篇关于刻字艺术的理论阐述,对刻字艺术的健康发展和理论构建,起了很好的先导作用。而她本人的刻字艺术成就,则是当代刻字艺术的一面镜子,她既是代表性人物之一,更是先行者之一。她的刻字艺术在保留汉字的结体美与线性美的同时,更融入了美术的造型之美,把汉字艺术的意美与形美巧妙地统一起来。如果说她的书法是柔美文雅的话,那么她的刻字艺术则带有刚健野趣之美。她以刻、雕、刹等不同刀法,将古老的文字冲切出雄浑奔放的视觉张力,敲凿出独特的意象与写意。她的刻字艺术依然保留着"字"的书法线性,更增添有"刻"的匠心,有工匠之美而无工匠之气,有朴而后新之美,朴厚之气贯盈。柯文辉先生评其"奏刀胜笔见豪情",我赞其"情真更抱朴"。

陈秀卿先生还有一门很重要的成就,就是其近年来倾心用力用情创作的漆书。漆书是漆文化与书法碰撞结合的艺术形式,陈秀卿先生善于借势发挥福建漆文化传统的长处。她以漆为墨,以漆板为纸,漆从书入,书从漆出,物我相融,漆化众妙,书化众巧。漆是胶着的,书写难度较大,考验着书写者的基本功,也考验着书写者的笔道。陈秀卿先生的漆书已探索出个人的自由书写方式,她的漆书注重书写性,保留书写性,其漆书漆透板背,"入木三分"。线条在书写性上更叠添了来自漆性的力度与韧度,这力度与韧度来自她的书写基本功,更来自她对材料运用的敏锐感觉。对漆与板触动时的抚摸触觉的把握,她显示出了一种难得的天分,而这种天分恰恰是从艺之人极为可贵的细腻品质,一种对美的捕捉与对美的表达的可贵品质。她在书写性之美的基础上,注入了漆艺的材料之美、技术之美,让漆书作品散发出一种不事雕琢的大朴之美。而这种大朴之美中,又含有几分静谧与幽邃，藏有几分雍容与典雅。她的漆书十分注重强其骨，提出的"铸脊骨"漆书美学观点，与书法上的"屋漏痕"有着异曲同工之妙，是极为难得的美学观。

在艺术家中，综合型的艺术家是较为少见的，要求艺术家专而博，博而精，如树而非花，如木而非草。陈秀卿先生作为书法家，是综合型的，是立体而饱满的。她学识渊博，艺兼众美，除了书法、刻字、漆书成就高之外，她还善诗文、善理论，同时也涉书法教育，都取得了骄人的成就。

我想，每个有成就的艺术家，除了努力、勤奋等共同的必要条件外，都有着不同的个人特质，而这些特质恰是艺术家取得成就的重要因素。陈秀卿先生有今日之成就，与她的个人特质是密不可分的。当然，她的特质很多，无法一一展开详谈，我也未必都能识透，在这里略谈与先生交往过程中感受较深切的几点。

一是观念。我一向觉得"观念"是一个艺

术家不断进取不断创造的源泉,决定了艺术家能否出彩,更影响着艺术家作品的厚度与高度。"观念"既关系到艺术家的审美意趣、格调、情操与风貌,也关系到其对材质的运用与拓展,更关系到其对艺术表现形式的美学探索,孕育着、统领着那千差万别因人而异的高妙技巧,决定着艺术品格与格调的高低。有"观念"的艺术家才能通古,才能变今,才能不断前行迈向更高境界。陈秀卿先生是一个有"观念"的艺术家,她勤于思考,善于形成个人的艺术"观念",又能在艺术探索过程中不断完善和丰富自己的艺术"观念"。她不是一位有了功名在身就固守"观念"的书法家,也不是一位因年长望重而固守思想的书法家,而是一个"观念"开放,思维自由,不断与时俱进的思想开明的书法家,总之,是一位有个人独见"观念"的书法家。

　　二是基因。我常说,一方水土养一方人,一方水土养一方艺术,这一方水土就是文化基因,不同的水土有不同的基因。一个艺术家出生的地域、环境，成长中的经历、背景，都是影响艺术家不断成长的无形力量，是艺术家与生俱来的文化基因，而这些文化基因往往会决定或左右着艺术家的艺术方向与艺术成就。陈秀卿先生出生于福州三坊七巷，其家宅距严复的故居仅几墙之隔。三坊七巷被称为"半部中国近代史"，虽只有三坊仅有七巷，但这里名人辈出，文化积淀十分深厚，林则徐、严复、林纾、陈宝琛、沈葆桢、郑孝胥、冰心、林徽因等都是从三坊七巷走出来的。陈秀卿先生从小就亲炙了这一缕文脉的芬芳，在这一缕文脉的气场里浸染长大，这一文脉的基因深深地融进了其血液里。而她长大后学习、生活、工作之地是厦门鼓浪屿，鼓浪屿是一个浪漫的艺术之岛，空气中都流动着文艺的元素，而厦门又是这个时代思想和社会活动最具开放性、艺术氛围最浓的前沿城市之一，是座艺术之城。如果说三坊七巷的深厚文脉，养成了她对传统的敬畏、对文化的痴情和对艺术的爱恋，那么鼓浪屿的浪漫与厦门的活力,则养成了她开放的思维及观念。如果说三坊七巷的文脉是她与生俱来的文化基因,那么厦门鼓浪屿的艺术气息则是她成长的养分和催化剂。

三是通会。我曾经在一篇文章中谈过,艺术的上佳境界乃是"通会"境界。能把各种人文修养、艺术修养、见识学识变成个人创作的艺术营养,能融入并展露在艺术创作上,遂臻"通会"之境。"通会"略等于融会贯通,但又高于融会贯通,是个体的智慧,这其中关系到从事艺术研究的方法,以及对艺术研究的综合能力、分析能力、逻辑推理能力,尤其是转化的能力。只有将个人的人文素养、学识见识、学养涵养等转化到艺术上,融会到创作里,才能真正对艺术创作起到根性的作用。只有将自己从事的各个艺术形式,用个人内在的一条美学之线有机串穿起来,即"通会"起来,才能成为成熟的艺术家。有了"通会"之境,就会有通变之能,才能因时而变,因势而变,合乎时势。有通才有源泉,才不会贫乏；有变才能创造，才能持久，才会有高度有厚度。陈秀卿先生以对汉字美学的把握，用书艺这条线脉，通会了书法、篆刻、绘画、诗词、艺理等，以书法美学为主线，形成了一致的审美追求，一致的审美品格，一致的审美格调以及一致的个人风格，显示了一位成熟书法家的"通会"之境、通变之能与道的把握。

四是使命。艺术家从事艺术，多数是出于兴趣与喜欢，而将艺术当作人生的使命，不管风雨阻拦，始终投入激情与热情，奉献心力，伴随终生，却是少数人中的少数。而使命又有先天与后天之分，先天的使命是与生俱来，内在而自发的；后天的使命则是因工作、环境、社会等外部力量赋予形成的。一个艺术家有了使命，就会焕发出激情与生命张力，热情地拥抱艺术，并且始终以青春的状态贯注于艺术事业，不管是艺术创作，还是艺术组织或是艺术教育。或许是在三坊七巷这一深厚文脉之地出生的原因，陈秀卿先生有一种内在、自觉的艺术使命，正是这一内在使命的召唤，陈秀卿先生视艺术为人生使命，她对书法事业和书法创作始终热情相抱，激情相拥，且数十年如一日，初心未改，痴心未断，心之所向，披荆而往。我敬重其为人作嫁的美德，更敬重其为学日益为道日损的问道境界。正是有这样的使命，她取得的成就、做出的贡献赢得了大家的敬重；也正是有这样的使命，古稀之年的她，艺术创作依然充满着青春活力，保持着阳纯健至的人生状态。她是一位有着积极的人生态度、散淡的创作心境的书法家，正因此，我坚信她的艺术还会再上一层楼，再迈高境界。

应陈秀卿先生之嘱写此短文，未能与先生多商榷，依凭与先生交往的感受写就，仅能略述先生艺术成就、艺术特点之一二而已。以上所叙，未知先生认同否，并借此就教于先生，就教于方家同仁。

庚子二月初二完稿于三山文心堂

墨上生花

人之一生于茫茫人海中,一眼之缘的人无数,但相识相知的友人终是少数,而这甚少的友人中,有个别友人是友人又似亲人,不管别离多久,音容宛在,永远留在心中。阿生(吴建生)离开已十年,然有如东坡先生所言:"十年生死两茫茫,不思量,自难忘。"阿生就是这样的亲友。

人之一生,情需有所寄,然后能乐。情有所寄,必不会浮泛,定有所成。阿生生前以艺为寄,寄情于书画,钟情于笔墨,终有所成矣。其进入不惑之年后,身心全寄于写意花鸟之艺,深耕传统写意花鸟笔墨精神,在其离世之前,其笔墨已具自家风貌,其酷爱和深研的芭蕉、梅花题材已具东方笔墨精神的厚度又颇具时代

吴建生 《无题》

审美的当代性视觉力度，作品的艺术语言和内在精神向度日趋完善，甚能体现出其较高的学术水平和美学价值。

从事艺术是一门奢侈的职业，因它是一门思想、才情、学养、价值观的精神言说，是一种熔铸兴趣追求为生命状态的人生历程，阿生生前能从事以兴趣为职业的艺术并有所成，阿生可慰矣。虽说艺术也是一门遗憾的职业，因手之摹永远满足不了心之所追，自己满意之作永远是在追求的路上，然阿生亦可无憾矣，他留给世间不少带着阳光芬芳的作品，这些作品将永远温暖着人世间的亲人与友人，亦将与他的名字永远在人间传扬，散发着温馨，藤寿绵长矣。

与阿生生前的至交好友南翔先生一道发起和举办这场纪念阿生的展览，谨以"墨上生花"为题，以表对阿生的思念、怀念与追念，并以此告慰阿生：陌上花开，可缓缓归矣！

择一艺　终一生

　　林飞先生出身于工艺名门,是老一辈工艺美术大师林亨云老先生的公子。林亨云老先生是由国务院评出的第三届"中国工艺美术大师"。老一辈的能工巧匠们,个个都是有绝活的传统工艺活化石,皆是一代大匠。林亨云先生刻的"熊",在工艺雕刻史上堪称出神入化的大家之作。林飞先生出生于1954年,还在娘胎里的时候,他的胎教音乐就是父亲雕刻时的敲打声,出生后更是有缘亲炙其父辈老艺人的传统芬芳成长,他六十多年的人生之途,始终与石雕相伴,不离不弃。石头,似乎成了他的亲人,成了他的情人。长年与石为伴、与石相守,其人、其性、其情颇有"石"韵,让人感觉到寿石即林飞,林飞如寿石,已是人石一体、人石一味,凭此韵味即可窥出林飞先生与寿山石材质的亲近，对寿山石雕的身心投入。我料想，其五行八字或许天生就带着土石之旺，加之其出生环境，如鱼出生在大海，自带基因，自会游泳。可以说，成长的家庭和艺术环境的因素，练就了其扎实的传统雕刻基本功。"文化是浸染出来的，艺术是熏陶出来的"，这是我对文脉传承的体悟，也是我常常说起的一句砚边艺话，就艺术传承而言，似乎在林飞先生身上得到了印证。

收藏家看好林飞先生，寿山石界认同林飞先生，除了其名门家传的传统根基深厚这点外，其高等美术院校的系统学习与训练也是另一重要因素。他曾在福建工艺美校、广州美院学习，是福建省名师杨夏林、周和生、王则坚的学生，是大雕塑家梁明诚的门生，接受过纯正、系统的现代院校教育，毕业后还深耕教育十四年。名门出身的传统根基，加上现代高等艺术院校的教育、从事教学的背景，这在寿山石雕刻界是极为少有的。得益于这两条文脉的修炼，锻

林飞 《大观园》

就了其艺术思维、艺术观念、艺术思想能站立在历史的维度来思考寿山石雕艺术，来思索自己寿山石雕刻艺术所追求的境界。在交谈过程中，他一两句话就能道出寿山石雕刻艺术的关键，透露出对寿山石艺术规律的精准把握，对自己艺术方向的明晰探寻。在他身上，体现出了传统雕刻工艺的矜持和现代雕塑的通达之间的融会贯通。精致的工艺品位是先天传统魅力，而雕塑的开合结构能力是后天修炼出来的，林飞先生是寿山石雕刻界的才人，才人高致，往往有非常人所能及的禀赋。

一时为师，一世师表。十几年的从教为师的经历和品格始终渗透在其骨血里。"行为世范"的使命与道德感召，是中国文化生生不息的内在动力。只需与林飞先生短暂接触，就能感受到他这种使命感的道德力量。他身上有一种对寿山石艺术行业的使命感，包括他对寿山石行业发展过程中出现的不良风气的忧心，这在工艺美术界是少有且难得的人文情怀。"别看今天的寿山石市场很大,参与的人士也很多,但是成才的人不如以前,我很担忧。一个行业要想发展靠的是人才,没有好的人才,是会断层的。"这是他对寿山石雕行业人才缺乏的隐忧。"现在寿山石雕行业基本上讲材质不讲艺术,这种现象越来越严重,就会把路越走越窄,而且造成材质的极大浪费。最好的材质好多都是这十几年毁掉的。从表面上看,这十几年出来的作品数量极多,但给人留有印象的不多,不像老一辈的那些作品,印象都非常深刻。现在是整个行业参与的人很多,但留下的经典作品却很少。"这是他对寿山石资源和寿山石艺术前景的担忧。这些话语皆是拳拳赤子心,有一种寿山石艺之命即我命,我命亦即寿山石艺之命的生命担当。

"就整体而言,寿山石雕刻艺术界因对艺术价值和自身作为雕刻艺术家的价值取向产生偏差,一切以经济效益和利益的成功作为衡量自身价值的成功,并以此来衡量文学家和艺术家的成就,必然会导致价值观的错位,而这种错位会导致寿山石雕刻界游离于整个艺术界,特别是游离于主流的人文艺术界之外。而这种游离也使得寿山石雕刻艺术界渐渐步入审美取向的滑坡和艺术修养的盲点,以至于从业者越来越多,市场越来越繁荣,但艺术水平却日趋下滑令人担忧,得'品'者寡,得'病'者多。如果用历史眼光来严肃对待的话,在当下寿山石雕刻艺术虚假繁荣的现象背后,是寿山石这种宝贵材质的大量浪费和随意残损,特别是上等材质,待到将来能得'品'者众多时,却已找不到好的寿山石材质,这是目前最大的'病',也是最堪忧的地方。"这是我十几年前(约2007年)在寿山石杂志上发表的《品鉴寿山石雕艺术》一文中提出的观点和批评。未料十几年后,听到寿山石界行业的"领头羊"林飞先生发表相似的观点,实有知音之遇的感觉,同时也对林飞先生关于寿山石艺术发展前景的清醒认识,更多了几分敬重。将林飞先生引为知音共鸣的还有一事值得一提。前几年，我因工作分工分管福建省民间文艺家协会，与寿山石雕刻界更近了。基于多年对寿山石雕刻艺术界的了解，我分管后倡议抓了两件事：第一件是举办福建省历届工艺大师的作品展，目的是梳理历程，回顾过去，思考未来；第二件是提出寿山石艺术界的文脉"寻根之旅"主张，寻寿山石雕刻艺术鼻祖杨玉璇的根，寻寿山石雕刻艺术文脉的根，目的是倡导寿山石雕刻界同仁回到寿山石文化正脉上来，倡导从传统、文脉根源上来传承创造，从思想上、艺术上来梳理与守望回归，重拾对传统的自信，在守正中出新。这一主张得到了林飞、陈益晶、黄丽娟、陈礼忠、郑幼林等大师们的呼应，也得到了寿山石雕刻界同行们的共鸣，林飞先生更是亲自参与到杨玉璇故里漳浦的寻根活动中。今年上半年，在福建省领导的倡议和支持下，我和同仁们策划组织了在中国美术馆举办的"寿山石韵"大型寿山石艺术展，从征集的作品里可喜地看到，寿山石界的同仁回归文脉后，在艺术创作上的转变和在艺术价值取向上的正道回归，这也是在当下民族文化自信不断增强的时代精神感召下的一种理性回归。而在中国美术馆的展览上，林飞先生的大型主题雕刻作品《古田会议》，直接被安放在中国美术馆大厅重要位置上展出，此件作品在整个展览上耀眼夺目，充分地展示了寿山石艺术的魅力和审美高度，更体现了林飞先生的寿山石雕刻艺术的创造力。

　　认识林飞先生是从其作品开始的。第一次印象深刻，是在多年前的一个展览上看到的作品，一个海蚌里面刻着一个女人体。善用材质，造型过硬，传统技艺雕塑思维，这是我当时的观感。第二次印象深刻，是今年在中国美术馆展出的《古田会议》作品。作品采用传统技艺对现代题材进行表现，巧妙的构思加之西方雕塑的力度，画面审美入古又出新，这是对寿山石雕刻艺术表达现代题材的有益探索，是当下寿山石雕刻艺术对时代的记录。第三次印象深刻，就是大型寿山石雕刻作品《大观园》。作品以数个大观园里的红楼梦故事来组成大观园的时空艺术，本是文学与历史的梦境，通过雕刻家艺术手段的再现，演变成了美不可言的妙境。这是一件有气势的大型寿山石雕刻作品，构图大开大合，舒展开张，每一景、每一情，都令人心旌摇曳。局部地方体现出了各式传统寿山石雕的纯熟技巧，大整体上有画意有塑造感。在雕功上，有高浮雕、圆塑、薄艺雕等，既有各种传统刀法，更有西式的雕塑构造。作品丰富饱满且整体感极强，体现出西方雕塑的归整统一与气度张力，极富视觉冲击力，可谓寿山石雕刻与西式雕塑的和谐融合。雕与刻的空间张力饱胀，气盈满势回荡，充满了浑厚沉实的力度。以绘画来比喻的话，可以说有工笔的精细，有写意的磅礴，更有意象的诗性，是当代寿山石艺术里一件难得的精品力作，代表了这一时期寿山石雕艺术的高度。善用材质的巧思，善于巧色的妙想,加上精益求精的"入石三分"的雕刻技法,融汇出浑然之美。意象与具象结合,在理性的思考上兼有感性的意境,让人不知是天成还是人工,技法的娴熟着实让人叹服,真是刀追清风心夺造化。这件大作,是对寿山石雕刻艺术的一次拓展与创造,开拓了过去三百年来的具象与细作之路,雕出了宏伟气象。此件作品前后耗时两年有余,是林飞先生的心血之作,也是他对寿山石艺术长期思考探索的智慧呈现,作品充分地展现出林飞先生高超的雕刻工艺水平,更展现出林飞先生在造型与结构上的塑造能力,展现出他的审美眼光和文化素养。"天一半,人一半",这是他对寿山石艺术谦逊的独特见解,而这件作品实是对他独特见解的最好诠释。

　　蒙邀专门提前去现场一睹《大观园》大作,才知道林飞先生的雕刻工作室是如此的简朴和狭小,简朴到无一件可供休息与待客的家具,狭小到根本容不下《大观园》这件作品。此件作品是在工作室之外的公共空间的屋檐下完成的，不能不令人惊叹。当下工艺美术界特别是寿山石界，个人工作室大多讲究"高大上"，甚至有的个人工作室近乎个人展示馆，似乎空间不够大，便不足以展现实力，不足以展现"成功"。林飞先生简朴的创作情境，让我想起了吴冠中和潘天寿两位先生。吴冠中一生的精品，大至盈丈的大作很多都是在其数十平方米的家中完成的；一代大师潘天寿的画室也不过十多平方米。林飞先生不务虚名，不重华丽的外在因素，在狭窄的空间里完成此件力作，让我心生敬意。我想，真正的大师需要的是时间，而不是空间。真正的好作品需要的是时间的投入，无关乎空间大小。几平方米的空间里一样可以出大师、出经典之作，几百上千平方米的空间里也未必能出大师、出好作品。当然，好作品需要时间投入，更需要时间的考验，我深信，林飞先生的这件《大观园》经得住时间的考验，经得住岁月的验证。

割断昨天,就没有今天,放弃今天,就将失去明天,对中华民族传统艺术的传承发展,一代人有一代人的使命。"择一艺,终一生",这是林飞先生的人生理念,也是他和他这一代人对寿山石艺术的历史使命和时代担当的最佳诠释。

2019年国庆节于文心堂北窗下

石小艺不小

中华传统艺术中的书画印，浓缩了中国人的哲思与审美。

印章艺术或称篆刻艺术大抵可追溯到两千多年前的春秋战国时代，战国秦汉时期可以说是中国古代印章艺术的一个高峰。宋元之后，特别是明清两代流派印，迎来了篆刻艺术的又一个高峰。秦汉古代印章以独特的古雅古典之审美，在实用中以高雅艺术性的表现为篆刻艺术奠定了深厚的历史基础。明清两代流派印篆刻艺术自文人士大夫介入后，印的艺术境界和艺术情趣追求逐步呈现出与文人画一致的审美品位。

李阳初学绘画，绘画之功，使其深具造型之力。加之其为人朴实勤勉，刀笔不辍，在师承传统、效法前贤的基础上，精勤进取，艺甚有成。而杭州十余年的求学、从游、寓居经历，更是开拓了其艺术视野。自古杭湖出篆刻名家，篆刻大家高峰分耸，孤山上的西泠印社更是孤山不孤，影响甚巨。孤山不高，却是篆刻界的一座高峰，人人敬仰，人人向往。李阳身处孤山旁，沾孤山仙气，醉心西泠大贤德艺高风，于篆刻之艺，近多有心得，其篆刻作品参加各类展赛，屡获佳绩。

李阳的篆刻艺术，取法高，溯战国古玺之艺，借鉴古玺中吉语印、肖形印、边栏、界格处理也多从古玺中出。颇得赵之琛等西泠八家之法，亦借鉴了王福庵、韩登安、陈巨来等人印艺。近年喜古意之调，宗法"黟山派"黄牧甫，以玺印金文入印，薄刃冲切，纯洁古雅，严谨隽秀，求明眸皓齿般的效果，爽健雅逸，有凿金切玉之"光洁爽健的线条之美"，不重复，不修饰，不残破，看似谨小慎微，实是游刃恢恢，在刀石生发中见酣畅之情。用刀冲切自如，

林李阳 《永遇乐,相见欢》

深得铸、凿之法，具金石气息和刀笔质感。印风古雅静穆，劲健中蕴润泽，淳厚中含质朴，质朴里有书卷雅气。此外，他对汉印中的鸟虫篆也多有涉猎，其鸟虫印动静相生，意气盎然。

边款艺术，虽非主角，然却颇能体现出创作者的修养和审美情趣。好的印款艺术不仅具有书法笔墨之意趣，往往又富金石契刻之韵味。印蜕与印款一朱一墨，交相辉映，意趣相融相生。边款艺术自文彭之后，特别是经晚清赵之谦、民国王福庵的发扬，钟鼎铭文、六朝碑版、墓志铭等在边款刻制中得到更多的借鉴。李阳钟情边款着意边款，对边款着力甚多。其中长款的刻制甚多，手法借鉴了钟鼎铭文、汉画像、汉简、北魏造像、墓志铭等图像和文字，其边款艺术已具个性，高古脱俗，情趣雅逸，意趣横生，是自然本性的流露，可读、可品，玩味十足，甚体现其对边款艺术的学养。

篆刻艺术的表达，最终是要实现"我手刻我心"。前人云："盖印之所贵者文，文之不贵，印于何有？不究心于篆，而徒事刀法，惑也。"王福庵曾言："知书善书乃治印之本，若徒见刀石而无笔墨，格终不高。"由此可见，印外功夫，影响印之格调，左右着印之内涵与情趣。篆刻艺术要在表达上呈现出篆刻家个人的审美境界和艺术理念，需印外求印，格物致知，由技入道，方寸之内方能传达出艺术家的人文情怀。李阳甚悟此中之道，于印外功夫用功甚深。其师李刚田先生曾评说："林李阳篆刻清古静雅，其篆法结构精而变化丰富，用刀挺健中见润泽，章法错落天成得大珠小珠落玉盘之妙，更以秦汉简帛六朝碑版入边款，奇古之美别开生面，读其印知李阳沉潜古奥心静如渊，于时下世事喧嚣中尤为难能可贵。"

我向来认为，中国的书画艺术，包括篆刻艺术在内，都是讲究岁月沉淀和人生感悟的艺术。李阳正值盛年，于篆刻艺术，已有一个极好的开端，路漫漫其修远兮，期待并相信他在未来的从艺道路上，百尺竿头，更上一层楼，为篆刻艺术添砖加瓦，取得更大的成就。

  我与李阳是漳浦同乡，又是中学校友。漳浦是书法大家黄道周的故里，自古文风炽盛。我虽从事国画和书法探索，然对篆刻却非局中之人，应李阳之邀为其作品作序，盛情难却，专写此短文，贻笑方家了！

2019 年 7 月大暑

辑三

文心散墨

容我深情地回望

人这一生经历的事很多,但能刻入心里的并不多。

人这一生走过的地方很多,但能印在心头的并不多。

有一个地方我们却是不断地深情回望,无法忘却,那就是母校。特别是中学的母校。

——题记

一

我中学的母校——漳浦三中,一所坐落于旧镇港不远小山坡上的校园。母校1956年建校,迄今整六十周年,这是一片黄道周先贤脚踩过的地方。记忆中,我应是母校首届三年制初中生,也是首届三年制高中生。当时母校的校门是朝西开的，大门迈入是宽敞的操场，校门的对面，操场的尽头是小礼堂和食堂。食堂大厅门口有数棵绿荫大树和一口古井，操场中间向北往山坡拾级而上的一条路，恰好是当时校园的中线。那时的办公楼和教室依稀有序地散落在安宁的校园中，那时的校园风气与社会风气一致。"松下花丛最想望，满园尽是读书人"，这是当时校园最美的风景。实是纯朴、安静的一方乐土，青春学子的心灵家园，每个家庭寄托希望的精神园地。那时母校给我们成长的营养是非常纯粹和健康的。

少小离家老大回。如今回忆那时的时光，心中犹如清晨的阳光抹过，和曦而温暖。在这里，不管是上课时的朗朗之声，还是下课后同学间的嬉闹打骂，或是食堂取饭时自由的叫喊声，抑或操场上较真又戏谑的运动影像，虽历经三十多年，然有如蒙太奇式的依旧历历展现，似一幅青葱岁月里的画卷，美丽而充满着诗的意境。

王来文　《春归正值花盛时》

在这里,我有幸遇见三位班主任,魏炳文、张茂琛、郑满瑞三位先生,可惜三位先后作古了。其中,张茂琛老师对我的影响最深,茂琛师既是班主任又是语文老师,他与另一位语文教师黄道琛都是当时漳浦县的语文名师,名师对学校而言是非常重要的,这也是办教育很重要的规律。茂琛师学养深厚,讲课旁征博引,皆成妙谛。他对《红楼梦》一书的重要章节与诗词近乎可背诵,其中的名诗、名句信手拈来,让人折服。当时,我在课外阅读了不少文学名著,得益于茂琛师的指导。记得当时,茂琛师多次把我的作文作为优秀作文在班上加以评点,让年少的我激动而兴奋,至今记忆犹新。茂琛师的这种教学方式,或许对他仅是一种教学方法,但这种教学方法深深影响一个人一辈子的兴趣与方向,无形中激发了我对文学与写作的兴趣。今天,我虽从事艺术创作,但文史哲一直是我的至爱与深情向往,阅读始终是我的私人生活第一状态。常年来也一直坚持写些随笔、评论等小文章，这样的兴趣，可以说是茂琛师在中学时给我育下的种子，受益于当时他对我的勉励与引导。

至今令我无法忘怀的还有茂琛师的胸怀和眼光，特别是他对我从事绘画道路的鼓励和关爱。就读母校时，有两位美术代课老师考上美术专业院校，这事对我选择考美术院校，决定终生从事艺术创作的理想很有导向启示与鼓舞作用。这在当时以文理科为重的社会风气中，等同于选择了一条很艰难的道路。未想，当我与茂琛师畅谈想法时，他知道我这种兴趣和志向后，给了我极大的鼓励，且在日常学习中给了我很大的照顾与支持，直至我考上美术院校。如今回想，历历在目，甚为动容。我从他身上感受到一种爱，一种对有志青年的师者之爱，一种对困顿中人施以信念的惠心之爱。也正是这种爱无形中树立和抚育了我怀有爱才惜才的情怀。

直到茂琛师仙逝，我与先生联系始终比较

密切,每年回乡,都会争取时间与先生品茗细谈,谈工作,谈人生,谈文学,谈艺术。今茂琛师虽已作古,然于心中是永远无法忘怀的。遗憾的是在他生前,我无力为师尽力,而今"徒欲亲而师不在",再也无法与之探讨文学、探讨人生,是我永远的遗憾和追怀。

在这里,我遇见了当时刚大学毕业从教于此的历史老师陈稳合。至今,我们依然师生情缘甚深,且多了份亦师亦友的深情。稳合师当年大学刚毕业,风华正茂。我们是他的首届学生,他对教学投入极大热情,同学们都很拥护他。一直非常难忘的是,高考前他数夜到我书房为我单独补课至深夜的场景。那时我的家在村子的最前面,田野中间,四周是整片的稻田。那时的农村进入夜晚后显得特别的漆黑而静谧。晚上,屋外一片寂静,仅有田间里的蛙声片片,深夜间田野中那平板房里孤灯一盏,灯下师生二人对烛而耕读。"窗竹影摇书案上,野泉声入砚池中",而今回想依然温馨、依然温情。相比于当下功利化倾向的教育，那画面映射出的是，那个时代的为师者对教育事业的那份激情，那份对学生的厚爱之仁心。那是一种无私纯洁的薪火情谊，一直感动着我，时至今日，乃至永远。相对于当下日益俗化的世风，这种师品、师德与师谊更显难得与无价，因而令人深深感念。

在这里，我还遇见了林美月、吴银生、陈开德、陈福美、黄文佐等一批老师，他们的教育是我们这一代人人生脚前的路、路上的灯。林美月老师与我同在省城工作，美月老师是我政治课、道德修养课的老师，她的先生徐杰是书法家，与我同是艺术界的同仁，亦师亦友，更是我人生职业生涯重要的引路人。我与她夫妇二人至今师友情谊深厚。美术代课老师陈福美、黄文佐，他们在母校代课不久后，先后考进厦门高等美术院校，他们是改革开放后漳浦首批考上高等院校美术专业的艺术人才。正是因为受到他们从艺道路导向的启示，让我坚定了考取美术学院的目标，从此让自己的人生与艺术结下生命之缘。当时学校的艺术氛围很浓，那时我虽是学生，但他们视我甚是亲近，我时常到他们的宿舍看他们写生，观摩作品，收获颇多。无疑，中学时代的这种机缘，激发了我内心潜藏的艺术情愫，无形中萌立了以绘画作为一个人生命成长的意识，萌芽了一个从艺者的基础价值观念，一直滋养至今。而今，我的生活状态是我的艺术状态，艺术状态是我的生命状态，实与这段人生际遇有关。

在这里，我相遇了同窗六年的初中、高中的同学们。尽管离校后，我们各自经历了不同的蹉跎，历尽不同的沧桑，然青春的印迹永远记忆在各自的心田中，或许各自琐忆的情景片面不同，但相信对青春美好情感的追忆是一致的。

二

掉头一去是风吹黑发，回首再来已是雪满白发。历经三十多年的岁月，如今，校园依旧，然故人难遇。"未觉池塘春草梦，阶前梧叶已秋声",一生之长亦如一日之短,若小学算熹微,中学就可算朝霞了。幸运的是,母校的校园虽历经时代演化,校舍也由旧变新,但是那些故旧学子无法忘却的主要景物依旧存在。

校园山坡的最高处那块石头,依然敦厚地似站似坐地守望着,犹如一位老书生永远守护着一代一代从这校园走出的小书生,又犹如一位长者时刻等候着老学子的归来。此石已不是单纯的石头,她是漳浦三中历届学子心中永远无法抹去的有生命印记的母校形象,是有生命张力与活力的,能与之对话的,如饱经沧桑淡定从容的老人,是母校文脉承载的化身者。

那口古井,历经风雨,时过境迁,方位由原来的食堂门口换成了如今学生校舍的门口,颇如一位仙者——我自不动,笑看四周风云。经风月洗礼,老井多了点斑驳,倒也依然如故。这口生命之源的水井,似乎更是智慧之井,给母校历届学子提供知识源泉,滋润心田,是源头活水之宝井。

校园西南角的几棵大树似不老青松，依然茂密盛展，敞开怀抱等候和拥抱学子的归来。老运动场东北角的凤凰树，依旧开得那样奔放，那样激情四溢，盛开的凤凰花永远有一股青翠流红的芳香在校园流淌，花苞里似乎饱含着友谊与青春。如今看去，凤凰树似乎多了份苍老，然也增添了不少韧劲，它在岁月更替中以自己绿衣红花的美丽形象为校园增加芬芳，永远用美来滋润校园，让校园充满青春和活力。

四周的老围墙，多了些岁月的痕迹，但依旧似一幅熟悉的水墨长卷，雨水飘过还散发着泥石的幽芳，依然熟悉而亲近，唤起老学子随风而散的青春记忆。尽管只是老围墙，然犹珍若金——那可是学校是否历史古老，是否有文脉传承的证物，那是历六十年一甲子的岁月沉淀下来的历史见证物。时间和岁月给这里带来太多变化，可天空还是三十年前的天空，水还是三十年前的水，树还是三十年前的树。最幸运的是母校是块风水宝地，在前些年急功近利的社会生态中没有被开发、没有被迁移，乃是最大幸事，始终保留这一方水土最重要的文脉。若是说故乡旧镇这几十年来人才辈出，漳浦三中这块文脉的保持是首重。

三

我1981年进校，1987年从母校毕业，初中至高中六年都在母校度过。完整的六个年头，人生能有几个六年呢？何况是正值宝贵的青春少年年代。母校六十年校史长河中，我有幸见证了其中三十多年的发展变迁。人事有代谢，往事成古今。如今的母校，与往昔相比已是焕然一新了，校园面积扩大了数倍，增添了很多新楼，结构和布局也变了。原来进门的大操场如今已变成小场地了，校大门也已扩建，方位由西改成南，明显地开阔和疏朗了。教学楼、宿舍楼、办公楼，由过去的矮平房转身成了高楼新楼了。时代进步的脚印一样在校园踱过，留下深深的履痕，校园在古与新的交替中显示出新的生机。我料想,不仅校园改变了,学校的管理模式、教学方式,校风、学风也谅与三十年前大为迥异了。但在三中老学子心中,对母校的印记与情结,不因时转而物逝,永远一样。人可以离开,但情感依然留下,依然留藏在母校的这片土地上,随着岁月的流逝与对人生的感悟,伴随着增多的就是对故人故土故园的怀想与思念,特别是对母校,永远留存着美好的青春记忆。犹如风筝不断线,这线联系着我与知识生命的源头,这线维系着与我生命价值攸关的母体,这线联系着我与这片土地上师友的千里情缘。

六年的中学生涯,于人生而言,是短暂的,对情感而言,却是永远的,更是无法忘怀的,这里刻在我心里的人与事很多很多。

四

我常想,人生一辈子当中有三个"人"和三个"地方"是不能忘记的,也是不能忘怀的。哪三个"人"不能忘记呢？一个是有养育之恩的父母，一个是有教育之恩的老师，一个是有提携培养之恩的贵人。哪三个"地方"不能忘怀呢？一个是自己成长的地方——故乡，一个是自己学习过的地方——母校，一个是自己工作过的地方——故园。而母校是占据两个要素的，既是学习过的地方，又有教育之恩的老师在。

这就是我的母校。

犹如母亲的学校。

一个承载我们放飞的地方，记载着我们青春美好憧憬与寄托希望的地方。

2016年夏

误当书生三十年

小时候,父亲最大的愿望,是让我继承他的衣钵,当一名乡间木匠,串村游乡,盖大梁,起大厝,造福乡邻。从前做木,分大木与细木,细木是做家具,大木是起大厝。每次父亲出门,总跟着几个大小徒弟,带着各种锯刨家什,多得数不清。我人小,父亲只让我拿墨斗,这是我第一次与文房四宝之一的墨有了正面的接触。小墨斗不小,除了画线、弹线,做大厝的规划线条之外,父亲还用它绘雕梁画栋的草图。我惊奇地发现,从小小的墨斗中,蘸出的墨汁,竟然能画出"悬梁刺股"和"凿壁偷光"的故事,经过父亲的巧手雕琢,栋梁上便活跃着栩栩如生的历史人物,演绎出生动活泼的故事。现在我才明白,不识字的父亲,却有满肚子的

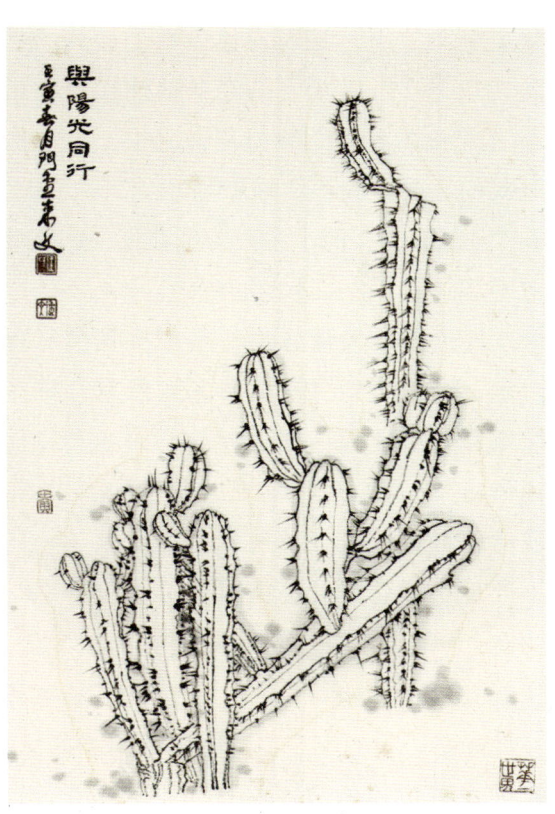

王来文 《与阳光同行》

历史经典故事，是因为他传承了优秀的传统民间文化，让一脉相承的经典集注在他的指尖流淌，流淌在乡间的蓬门瓦舍之中，也悄悄地流进我的心间。我懵懵懂懂地意识到"悬梁刺股"和"凿壁偷光"的小主人公都在读书，从此，书被墨斗画在了我幼小的心扉上。

真正开始大量看书，是有次我到舅舅家的时候，我惊讶地发现舅舅家竟然有许许多多的藏书。舅舅爱读《三国演义》《隋唐英雄传》等通俗古典小说读物，他把书里的故事讲给我听，我听得如痴如醉。舅舅看我如此入迷，从此便不断地把他看过的书搬给我读。记得那时看过的有《三国演义》《隋唐英雄传》《水浒传》《七侠五义》《岳飞传》《薛仁贵征西》《杨家将》等一批好书。我的家乡漳浦是明末清初的思想家、文学家黄道周的故乡，黄先生的讲学堂"明诚堂"离我家仅数里之遥，黄先生的遗墨余韵遍布寻常人家，所以家家或多或少都有些许的藏书。那时只要有借到书，一拿回家，我便钻进书堆里，而一扎进书堆便出不来。父亲见我痴迷上书，而荒废了他所传的手艺，把头摇得跟拨浪鼓似的，便在玄天上帝庙给我拜过神，又带我去了黄道周的祠堂烧香行下大礼，之后就把我送进了学校。从此我便迷入书山，误当书生，一当便是三十几载。

那时候，是个缺书的年代，能看到的书皆是几经辗转而借到或是藏书人数代保存下来的久经岁月风霜的旧书，皆是藏之高阁的经典孤本、善书，余有幸得阅，似乎是生命中冥冥之中的幸运安排。旧书、古书，本身蕴有古意，书的内容亦藏着古意。赵孟頫言"画贵有古意"，我想书亦贵有古意，书中之古意富蕴经典与永恒之精神。那时候的书是借读的，而今细想，这些启蒙典籍，不啻是我少小时候在农村时自由的精神私塾，我生命中有一种与生俱来的对中国传统文化，特别是传统文化中古典精神的偏爱和痴迷，大约与发蒙的这段看书、读书的经历有关。

到了青少年时,我读书的状态略有所改善,可一边借书看,一边购买点自己喜欢的书来读,也就从那时起养成了购书、藏书的习惯。中学时课余时间几乎是书伴随着自己,那时乡村还没有电灯,油灯相伴到深夜是一种常态,以至母亲常常到半夜,要叫呼我该睡觉了,我才抱着书本入眠。而今,每晚睡觉前都还要看书才入睡的习惯,就是从那时养成的一种习性。大学期间,校系图书馆、城里的书店更是成了我的新课堂,看书、购书着了魔似的,不仅看书画典籍、书法碑帖,而且连楚辞汉赋、美学哲史也一一涉猎。杂读是那时的特征,杂中有个广阔的天地。那时对知识的吸收消化能力有如海绵一样,总感水分吸不饱满,饥渴的博览成了丰满知识的方法。大学时自己的一把手电筒至今还保存着,因那时宿舍有统一关灯睡觉的作息时间,关灯后自己便打着手电筒看书,这手电筒伴随着我走过四年的漫漫长夜。

那些与书相伴的时日,是我青少年求学时

代校园生活最为繁杂而丰盈的影像,直至今日,这种影像一直重复地放映着。而今,工作幅度大了,工作紧张了,看书、读书的节奏也似乎跟着紧张了。宾馆里、车上、飞机上,都是我看书、读书的场所。遇到坐飞机,最大的收获便是一下飞机,该看的书差不多看完了或该写的文章草稿差不多写完了。这样读书、看书成了生活的一部分,成了人生的必然内容。我常想,此生若无书可读,人生将不知往何处去。读书的乐趣之一便是旧书不断重复翻看。每次重复所得的况味不同,感悟不同,虽旧却有研史弥新之感;而读新书,我会像白首穷经的教授一样,细细品读。古人云"书中自有黄金屋,书中自有颜如玉",此话虽美言,也颇有激励之功,但未免有太多功利。于我而言,我觉得书中更有如来境,读书如参禅,细品如入定,有书的人生读书的日子,人生快意,快意人生。

而今,随着人生阅历的积累与烟云供养,更是渐悟了艺术创作"工夫在诗外"的艺术之道。作画似做人，做人先读书，没有学养滋润的作品终是面目无华，形拙质薄。画之为艺，其富于思想性，乃士先器识而后才艺之为上乘者，须有渊博学养与丰富生活经验，即明人董文敏所谓"读万卷书，行万里路"之理也，必格物致知，穷理尽性，而后可"则艺之为艺，亦无止境矣"，此所谓"艺进乎道"，而进乎道的通途需顿悟与渐悟，而"悟道"之途，仍在于典读。古人言"读书百遍，其义自见"，如今读书不仅是我生活的必然内容，更多了一份精神探求与生命体验的自觉。我想，我的艺术创作中，不管是书法，还是国画，作品中能有几分文人气和书卷气的弥漫散发，能透出几分雅逸之格，实与人生的这种读书状态有关。

误当书生以来，不知不觉已过不惑了，然读书、看书的日子依然是使人欣喜、使人惬意，当然也疲惫过，却未从烦倦。捧卷读书，如同母亲抱着自己孩子的心情一样，不管历经多久，不仅从不厌倦，情感反而与日俱增，而不能自拔，这应是一种痴、一种迷、一种瘾、一种癖。然却不避讳、不回避，是生命中注定，是父亲给我取名字时就注定命会如此，或许是先贤黄道周的文脉与书里之基因侵入我体。我是从艺之人，可我时常无法安定自己的情趣，时常模糊自己的专业追求与艺术身份。我曾说过："绘画是我钟爱的老婆，书法是我魂牵梦绕的情人，而读书看书则是我一生的知己知音。"书成了我生命中必备的物品，一日未从相离，朝夕相处，就像是家乡的那一位看守黄道周祠堂的老管理员似的，忠诚地厮守着这片精神家园。

　　我常想，先贤黄道周是一位老书生，我是一位小书生，黄道周在狱中时感叹，书山误他不能负笈驰骋沙场，击溃清兵，匡扶大明江山。我也有叹，书山误我当了三十年不称职的书生，而不能老老实实当一名木匠，皆因为书是穷之一生不能承受之重，不能亵渎之圣。

扇里清风

我向来爱扇,也爱画扇。

爱扇,不是附庸,而是倾情扇的风雅。爱扇,不单是爱扇子给我带来的那一丝凉意,更是爱其那几丝凉意里带着的那份温雅。爱画扇,不单是爱颇有其表的靓形,也是爱其扇小天地宽。扇子虽小,但对善画者而言,咫尺的扇面上既可"指点江山",寥寥数笔近水远山,也可"拈花一笑",疏枝清影,花香鸟语。当然也可"书画同源",亦书亦画,可谓一笔一画乾坤起,一涂一抹宇宙生。

初夏,友人来访,带湘妃竹扇一柄,斑驳间漾着古雅本色,手泽光润,甚是惹人欢喜,顿有画意。信手画风竹数片,有风姿劲挺之意,款题"竹里清风",友人甚喜。"你又把我的扇

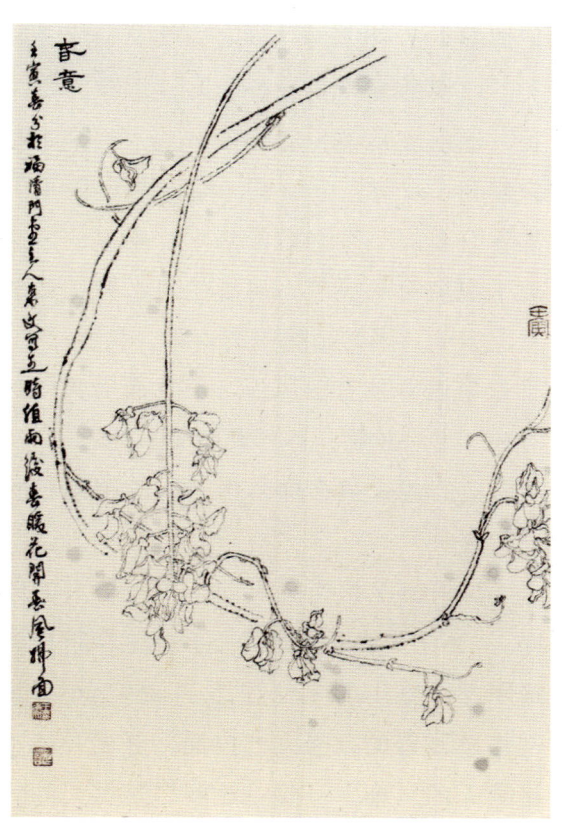

王米文　《春意》

情煽起来。"我笑对友人语。友人会意,相视而笑。戊戌的夏夜特寂静,写读课余,点一支沉香,泡一壶清茶,磨一砚浓墨,展扇数把,点染勾勒,寄清风于扇里,藏清气于墨间。茶香、墨香合着那一缕轻盈的炉烟,扇里的一花一鸟似乎也就有了灵气,有了生机,有了逍遥的凉意。扇子,因有了翰墨的点染,顿然有了雅意,雅意里透着独有的风流,灵动而秀美,摇身顿时成了文房雅物,芬芳着斯文。

扇的款式虽多样,然折扇与团扇是其中经典代表。

折扇似乎是为男人而生,与男人的风流相随。"公子王孙把扇摇",手持一柄折扇,也就成了文人雅士的典雅符号。一柄小小折扇,折起来蕴藏着的是男人的内涵,舒展开渗透出的是男人的风雅,一收一放间尽显男人的气度与情怀,是倜傥的标志,是才子的持证。持一柄折扇,揣抱"文章千古事"的书卷襟怀,如东坡居士"明月几时有,把酒问青天",那是何等的才华横溢；若持把鹅毛扇，则是世间男神的智慧化身，如诸葛孔明"谈笑间，樯橹灰飞烟灭"，那是何等的潇洒英姿。当然，扇为风雅之物，并非所有的男人都适合拈手轻摇的。

而团扇，似乎是专为女人而制的。"轻罗小扇扑流萤"，团扇摇摇，美人袅袅。温润的女子，手执一柄小团扇，自是清风徐来，月明人静。人如花，花似玉，相依嬉笑，素手轻拂，皆成意趣。"裁为合欢扇，团团似明月"，那一弧圆线如月光轻柔，充满着春江花月夜的诗意。团扇与似水的女人一样，温润着那人间割舍不去的柔情。

扇为人间雅物，摇曳出的不仅是清风，不仅是凉意，还有那人间的温情。用翰墨点染过的扇子，赠挚友，收获的是友情的醇厚；赠意中人，收获的是爱情的甜蜜；赠亲人，收获的是亲情的温暖。当然，若骚人墨客能用心专注，或写或画出个把精致的扇画，让喜好风雅的名士逸人，当然最好是有硬实力的收藏家看重，或许还能换来点银两贴补家用,自然也就能博得太太的欢心。

扇子,虽方寸田园,却是艺术家挥洒笔墨抒怀文心的一片天地,也是书法、国画两姊妹艺术散步的长廊。当然,书法、国画两姊妹也让薄薄的扇子多了一份文雅的厚度、温润的湿度,沾了亲近者的衣襟,也让亲近者割舍不去那份对扇的情意。咫尺间,是技的纯粹,是道的养心。我想,最有威力的扇,或许就是《西游记》里铁扇公主手中的芭蕉扇了;最催情的扇,应属孔尚任的《桃花扇》了;最怜情的扇,就非《红楼梦》里林黛玉的那柄纨扇莫属了。当然,最为深入民间,最接地气的扇,应属活佛济公手中的那一柄略带风霜的蒲扇了。

岁月清悠,晚风徐徐,不经意间侵入扇里,勾想几分怀旧。提笔蘸墨,不知是否能醉一场花前月下?

2018 年夏

荷卷自跋

周敦颐《爱莲说》一文，为咏莲之绝唱，冠绝古今。丙申秋，余置身武夷胜境五夫万亩荷塘中，方知周敦颐一文之说有偏颇矣。五夫荷花之美，岂是"出淤泥而不染"之一意境所能概括而赋之。五夫万亩荷花之美之趣，犹如袁中郎所言"如山上之色、水中之味、花中之光、女中之态，虽善说者不能下一语，唯会心者知之"，而不同会心者，可得不同会心之知、之美、之趣也。周氏"出淤泥而不染"仅一会心，一知而已也。

余于五夫万亩荷塘之中作此《白描荷卷》，以最古老的艺术形式白描手法绘之，试以最纯朴之笔线写荷之真、荷之美、荷之势、荷之质、荷之气、荷之志，冀能以不着一色，尽得风流。

虽未能尽至,然心向往之。

所绘白描荷意,为余会心五夫荷花美境之一知也,余愿以周公《爱莲说》一文为质,以朱晦翁"半亩方塘一鉴开"一诗为文,会意于余之知,融入余之笔端,诉之于线而成余之文质画心也。

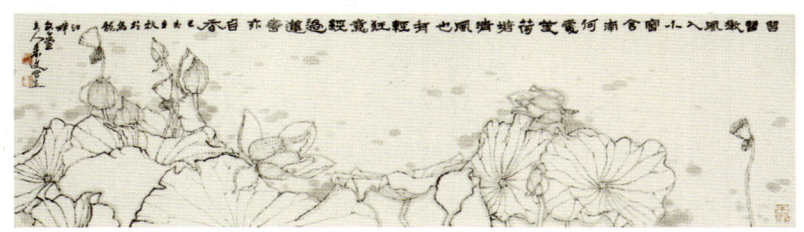

王来文 《香自远》

艺者的使命

画家，是一个技术的从艺者，技术非常重要，这无可置疑。没有成熟的技术无法表达你的思想，成熟的技术是艺者迈向艺术高度的重要手段。但技术再高，如果没有依托，没有内涵，没有表达更高层面的人文思想与人文思考，那作品呈现的仅仅只是技的炫耀而已。

我始终觉得：艺者，尤其是中国画家，是一个从事人文的创造者，灵魂的创造者。提供给当下、提供给大众、提供给后人的作品应具有人文价值与普世价值。所以你的技一定要含有人文思考和人文思想的高度，那这个技才能真正成为艺术的饱和体。单纯的技的炫耀，很难出好的艺术品，这其实也是中国画精神的核心要素之一。随着对中国画艺术规律研究的不

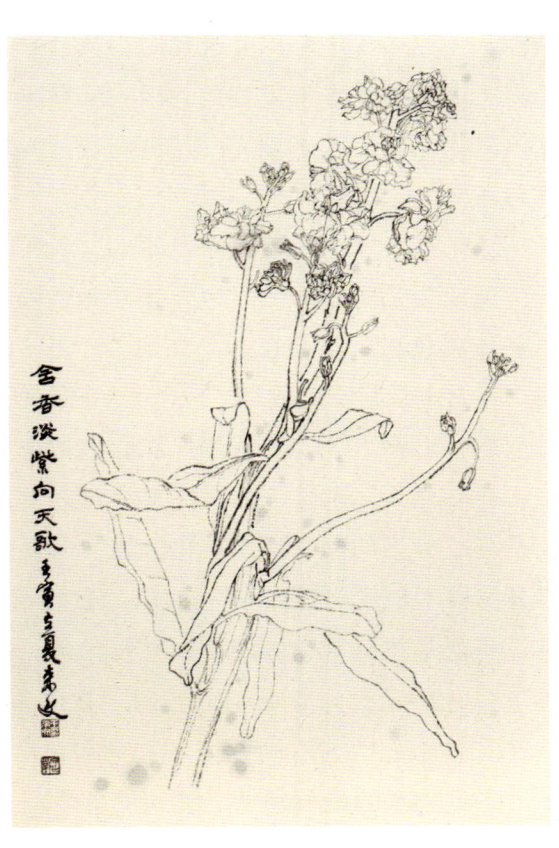

王来文　《含香淡紫向天歌》

断深入，逐步深窥略得其规律时，就会越来越觉得人文素养是非常重要的。因人文素养不仅影响艺术品格和艺术境界，还决定着艺术的深度与高度。

但并不是每个人文素养好的人，华丽转身一下就成为艺术家的。因为人文素养能否在艺术创作中化出，还存在一个如何"转化"的过程。将人文素养转化到"艺"里，这不仅是技术的问题，也关乎个人的智慧。你能够把你的人文素养转化到艺术上，那人文素养对艺术创作才是真正有用的。中间这转化过程，需要长年累月的技术积累与磨炼才可趋成，而这"转化"的过程就是技进乎道的积累。有技无道，徒有其表；有道无技，有如毛之不存，皮将焉附；只有由工而技，由技进乎道，艺道才可成矣。

其实艺术的最佳境界，乃为"通会"之境界。个人人文修养、艺术修养、胸襟见识、气度胸怀，加之个人的消化能力，能够把这些因素变成个人的艺术营养，流露在你的艺术创作上，逐臻"通会"之境。但此境界并非每个人都能做到，正因为不是每个人都能够做到，那谁能够做到，谁就能成为领军人物、前沿人物。但也正因为非人人能做到的这种难以企及的艺术期待，以及对这种期待的探索，使艺术充满着魅力和梦幻般的力量，也让虔诚的艺者为之守望终生。

"通会"境界略等于融会贯通，但高于融会贯通，既是个体的智慧问题，同时，也是关系从事学问研究的方法论问题，包括对学问研究的综合能力、分析能力，及每个人做学问的逻辑推理，也就是学术研究与艺术创作的综合能力。单一地表象地为画画而画画，那相对容易。如果从比较高的标准来要求，既要具备一定的人文素养，又要站在一定的历史高度、人文纬度来思考，做一个具人文情怀的学者型艺术家就不是那么容易的了。

一个真正的具人文情怀的学者型艺术家，既要有"技"，还要有人文素养、人文情怀、人文关怀。有情怀的艺术家绝不是为一己之私，而须对所从事的艺术予以敬畏。能真正让自己所从事的艺术，既要为当下负责，又要为后人负责，还要为这个民族人文的传承或者说文脉负责，同时应具备独立的人格与独立的学术自由思想。以这样的思想和行为来从事艺术创作，才是真正有人文意义的艺术劳动。也许每个艺术创作者都在为艺术辛勤劳动，但不是每个从艺者都有这个信念。当然，不可能每个创作者都能成为历史长河里被铭记的人，但是，总要有信仰地去从事自己的艺术，虔诚侍艺，只有去做才有可能性，文脉才会代代传续，这应是我们艺者的使命，艺者的天命。

"士夫画"的人文情怀

"文人画"是一个固有称呼。何谓"文人画",按陈师曾的概念,即画中带有文人之性质,含有文人之趣味,不在画中考究艺术上之工夫,须于画处看出许多文人之感,此谓之文人画。既指含文人创作的作品,但也并不是单一地指文人来从事画画的作品才叫文人画。中国美术的演变,宋以前,更多的是把美术创作的教化功能,尤其是宗教功能发挥出来。在唐以前大部分美学特质基本上是庙堂之气,把艺术的功能体现在这方面。宗教题材、教化题材特别多。到唐五代是一个分水岭,特别在宋以后,重视了心灵的追求,重视人文思想的流露,正因为有了哲思性审美,更重要的是人文思想与哲思的追求,使中国绘画向文人画美学价值取向转化。从而更多地流露出了人与自然的和谐，更多倾向于内心的流露，人与人之间人文的碰撞。内心的流露更注重人的心灵自由的追求，注意艺术上审美功能的呈现，把艺术教化寓于审美功能之中，文人画才得到真正的发展成熟。

文人画是中国绘画一支重要文脉和一支重要绘画传统，它与院体画和民间石窟寺庙的重彩画等等共同构成中国绘画重要史卷。以陈师曾的说法，文人画可溯汉时蒋嵩、张衡辈，晋之王虞、王羲之、王献之一家，唐之王维、张洽、王宰等，而王维更被推崇为董其昌所言的南宗之祖。两宋之欧阳永叔、苏东坡、黄山谷、华光和尚、文与可皆一时之俊杰。元之赵子昂、柯九思、倪云林等，亦一时名士。元四大家上继荆、关、董、巨，下开明清诸家法门，四王、吴、恽皆从四大家出。明清的文徵明、八大山人、陈道复、陈老莲、徐渭以及任伯年、吴昌硕等林林总总诸大家。可以说元明清文人画占

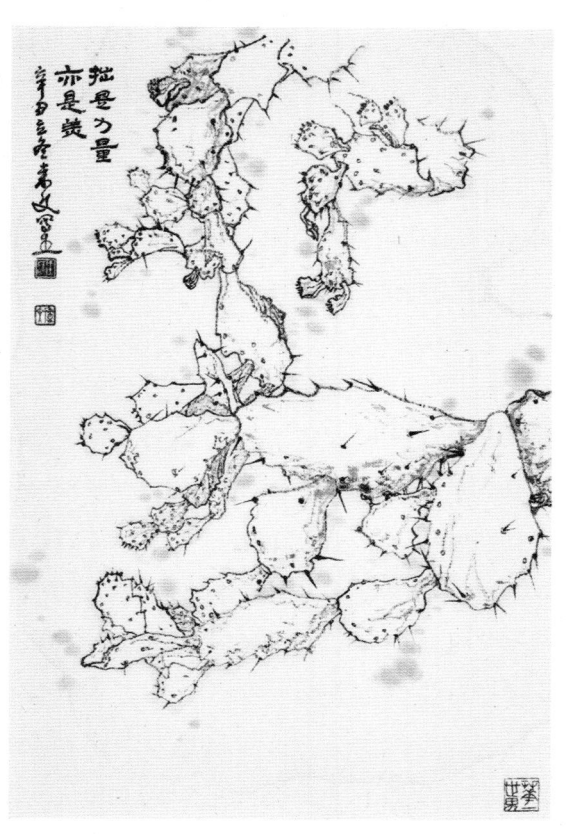

王来文 《拙是力量亦是美》

重要势力。当然文人画有精华，但也良莠不一，有审美高华者，也有审美低俗之流，应尽可能审视之。

而科举制度产生了士大夫阶层，士大夫阶层是文人画创作的主体人群，士大夫阶层的出现是文人画的人才队伍基础。士大夫画，要有人文思想的艺术理念追求，艺术作品里要有人文情怀、人文关怀的追求，具有文人的气质、性情、品质，更包括士人的担当、士人责任追求。在文人画的概念中，我个人更赞同黄宾虹先生提出的关于士大夫画与文人画要有所区别的思想，不能混为一谈。首先，要先明确何谓"士夫"，何为"文人"。士夫与文人这两个概念虽然都是指读书人、文化人，即现在常说的知识分子。能诗能文，这大概是这两个概念的基本特点。但是士大夫更须是学人，在人文知识的系统性和专业性上强于文人，士夫对事物的理解和判断就不像文人单纯依赖天赋和才气而是多了学识，因此鉴别力就有了客观知识的依托。士夫在天赋才气之上又能够致力于学问的客观研究，说明士大夫不仅比文人宏观，而且比文人恒心，在意志上优于文人。有如曾子所言，士大夫弘道，任重而道远，不可以不弘毅。再者，士夫能"修道之谓教"，有内省反观的自我批判和自我改造的能力，故而可以惕厉鞭策，从善如登，积极向上。这与文人的使气纵情自是不同。还有，士大夫是有重要文化使命和强烈社会责任感的知识分子，而文人往往沉溺于一己之私情，在个人情感的小天地里喜怒哀乐。所谓的文化使命和社会责任感，既可以是积极用世，经邦纬国的立功经世之举，也可以一种学人似的观道，以极高智慧的悟道活动与修为，同时以一种儒家似的道德修证，以绘画以艺术"格物致知"，即由画体道，诚意、正心、修身，由画证道，甚至还是由画弘道，以作品为媒立言立德平天下，有如黄宾虹、潘天寿先生。正如黄宾虹所道"画学复兴思救国，特健药可百病苏"。用艺术的内美来"矫励时趋"，以艺术、以绘画的内美精神的"特健药"来医治沉沦孱弱的浮躁，比社会表面的改治更加任重道远，或许更为根本和深远。有如蔡元培先生所提倡的"美育"教育思想。当下，很多人把黄宾虹、潘天寿笼统归为文人画，其实他们是士大夫画。他们把绘画视为生命之重，而一般文人把绘画视为生命之轻。

我们的时代从中华民族的历史长河来观察，当下是实现伟大中国梦、实现中华民族伟大复兴的时代，是千载难逢的文化复兴时代，将是中华民族及中华文化再次为人类民族与人类文明做出重要贡献的文化复兴时代。不管是人类文明发展还是中华民族文化发展，我们都应该提倡，回归并复兴士夫画的人文精神，让传统中国画在当下纷扰的现实中回归人文精神。当然重新提倡、回归、复兴文人士夫画，并不是简单地重复其艺术样式，而是在传承中赋予时代精神的复兴，特别是复兴其代表民族文化精髓的人文精神与美学精神。

广义来说,"人文"是相对于自然科学而论的,是指从事人类的人文创造的这部分,称为人文。从人类思想与行为来说,人类知识分为两个部分:一是自然科学的思维和行为,属于自然科学,即现代人所说的理科;二是人文科学的思维和行为,它更侧重人文知识层面上的东西,属于社会学科,即现代人所说的文科。

人文与文化有一定的相似,但是人文的包容度会更精深,人文有更多无形的因素,没有可触碰性。文化的定义是很宽泛的,文化这个词全世界都很难解释一致,目前全世界对它的定义有多种诠释,但大方向是不会变的。在人类历史上,很多概念是模糊性的,例如艺术与文化,但是定义的模糊性使它永葆迷人的魅力,无须探究、细查,有些特征和定义是与生俱来的,是自然存在的,已经灌入你的脑海里了。

从某种意义上说,人之所以是万物之灵,就在于它有人文,有人文思想人文关怀。有自己独特的精神文化,但不管东方与西方,人文精神虽然有些不同，但精神高处都有共同相通之处。文人画的价值在于有士夫画的人文精神与美学价值，这种价值是中华民族贡献给世界的宝物，也是中国文化的伟大之处，在当下民族复兴时代加以重新审视和复兴，更能凸显历史与现实的价值，人文与审美的价值。

古意情怀

中国的艺术要有古意，贵有古意，中国的艺术家需有追古的情怀。要有追古情怀但不要拟古不化，要有较高审美境界和情趣而无世尘俗味。作为当代从艺者，不必过于忧心当代性问题，因为你是当下人，要把古典的东西吃透，然后根据自己的思维来真诚表达，就会体现当代性。完全像古人一样，也很难，因为你是当代人。语境、艺境变了，社会时代审美变了。当代人肯定会受当下审美的影响。所以好的艺术家，要两条腿走路。一条要对古代的经典的作品及画家的古典人文思想，尽可能地去熟悉去理解，把经典的东西作为自己的营养；同时，你不能离开这个时代，关注这个时代的审美倾向与整体的气象，包括别的姐妹艺术的审美倾向，不单单是只抓住美术审美倾向，而是要关注整个社会人文追求的审美倾向，抓住大的美学趋势，才能产生当下的对接古人又能体现当代思想的作品。当然，主观上更是离不开个人的美学追求和美学思想倾向。然传承是非常重要的，传承是基础也是根，更是源与脉。因文化是浸染出来的，艺术是熏陶出来的。要有追古的情缘，文化和生命一样都是有遗传的有基因的，只不过人的生命的遗传基因能够有表象的呈现，能够通过科学实验来加以验证基因的存在。文化基因的遗传是看不见摸不着的，目前无法用科学实验加以验证，但是是存在的，而且有一条规律存在，有如风和空气。这个规律不是每个人都能感受到触摸到的，谁能真切地触摸得着的话谁就能成为佼佼者。我觉得是存在的，当然我也还没摸着，但一直尝试着在摸索。

从审美角度来讲，这种追求"古意"的倾向，也是中国人怀古情结，我们民族的情怀是

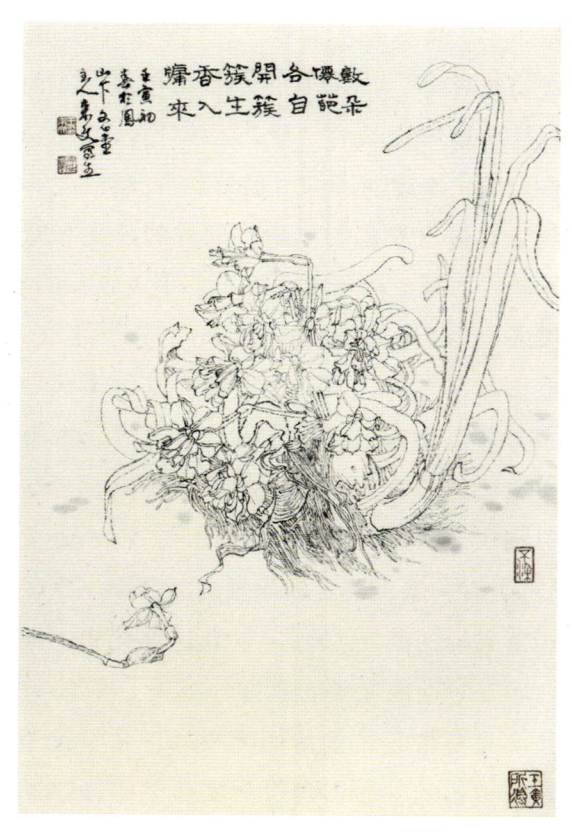

王来文　《数朵仙葩各自开》

对"古"的东西特别眷恋。"古意",即闽南人有句老话叫"古早味"之意,赞美好的东西富含有传统精粹传承的元素。含有"古意"的韵味,是对历史厚度的崇仰,也是对古典纯度的崇尚。既是对散出岁月的沧桑、旧时的韶光和时间的眷恋,也是对经历史沉淀出的审美气象的尊崇。很多审美上比较有高度的都和"古"字有关系,像古城、古都、古刹、古物、古玩等都是高贵的。审美品质上高古、古拙、古雅、古趣都是高层次的。从人类文化的发展史上,包括我们中国的美术发展史上,每次的文化复兴都和"古"有关系,都是提出复古、回归。意大利文艺复兴提的就是"复古"。我国文化史上典型的如唐宋时期的文学的复古,出现了唐宋八大家。其实只是借复古的情怀为根脉,并不是完全真正的拟古化。元朝再次的文化复兴,赵孟頫提出的是复古。明朝文化的复兴,董其昌提倡的也是复古。对古人情怀的追求,往往也是文化复兴的一个表征。但是这种的复古不是食古不化、泥古不化，是一种对古人的古典精神与人文思想的致敬。它把当下纷乱的艺术，回归到与古人长期实践出的艺术规律的对接，是去对接它的基因和脉络，对接它的文脉与文气，去吸吮母乳。这样，就能让当下纷乱浮躁喧嚣的不良艺文时风回归人文精神，承续民族古典精神。而这种复古其实就是文脉的对接，对接对了，对接上了，就会健康就会持续，就能入古而出新，就能接古而复兴。这种复古也是一种文化自信、文化自豪，一种对文化复兴的信心和底气。

　　复古似乎是一种现象，其实是一种规律。个人而言，追古似乎是一种情怀，其实本质也是一种规律。千年古国，古意情怀是古老民族的一种历史与时空的乡愁，既是一种文化乡愁，也是一种对古老家园的民族的思想乡愁。而这种情感是最亘古的，也是最动人的、最感人的、最化人的。作为个人艺术家有了这种追古情怀与古意追求，也就有了文脉之源，有了古风之韵，就会有较高的人文品质，也就易有感人的文思与艺质。

总之，古意是一种情怀，也是一种追求，更是一种品格。

品《晴耕雨读》

夜读叶双瑜先生所著《晴耕雨读》一书，想起了我敬重的学者李书磊先生的"宦读人生"这句子。学而优则仕为历史常态，不足为奇，而能仕而优则学，那才是可贵，倘若能仕而优则学而能述而作，那才是一种真性情，才是一种本真与修炼，才是一种真正的笃定内修。身在官场，千里宦游，俗事缠身，人事纷扰，更需以阅读来滤养身心。这时候的读书，可经世致用，可兼济天下，更可养心悟道，了悟人生，洞察宇宙，皈依心灵，修身齐家，丰富人格，不忘初心。此时能述而作，无意间，可让为官从政立功成为立言的沃土良田，也是一种历史与人生的命运与机缘，如欧阳修，如苏东坡，如曾国藩。深夜品读叶先生的《晴耕雨读》，可领略书中文字带给我的思考与回味，更多的则是先生的精神世界给我的启迪和感悟。让我感受到当代宦读人生的魅力，宦读人生的启示意义，看到了吾民族宦读文化传统在当代的薪火传续。

晴耕耘，雨勤读。时光就在这耕耘的汗水和勤读的沉思里流溢，不空度，不枉费。先生以"晴耕雨读"为书名，这是他可贵的生活方式和处世态度的一种诗性呈现，也是对把握人生的鞭策，看似风轻云淡，实则饱含着浓浓的哲理，意蕴情深矣。

《晴耕雨读》上下两册，分为"心织笔耕""华林晴悟""往事情深""佳作品读"四个部分。先生以自己的独立思考和切身体悟，以温情的往事和独到的心得，让我们感受到晴耕的生动，雨读的诗意。在其平实的回望叙述中，我们领略到的是一位有文心的人文从政者敞开的心扉世界，文中笔调如其为人一样坦荡磊落，没有欲言又止，没有云遮雾绕。

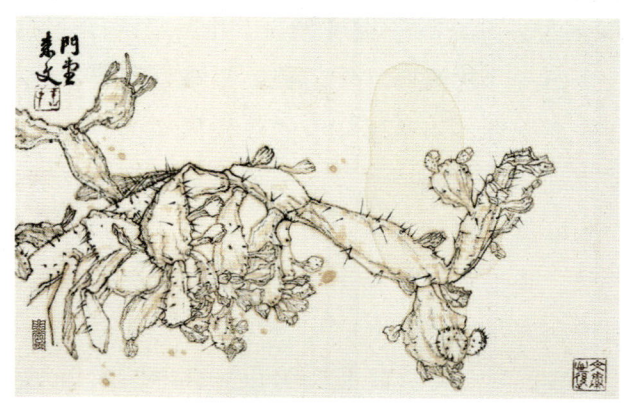

王来文 《尽在仙人手掌中》

本书的开篇关于"调研工作"之谈，一谈就是四次，从调研工作的实施策略到调研方式的提高创新，从调研队伍的建设再到调研作风的改进，一步衔接一步，一步比一步深化，这种一以贯之的认真负责态度，令我大感收获的同时，心生敬佩。先生在工作上求真务实，生活中向善求美。在《关于"梅""枚"的存疑》一文中，对《闽西日报》所刊文章中同时出现的"五梅拳""五枚拳"进行了详细考证，并得出"'五梅拳'的表述应当是正确的"结论。这一看似"咬文嚼字"的小细节，折射出的正是先生的这种精神境界。

为官为民的责任感、担当感和使命感，使得先生的文章充溢着浓厚的思辨色彩和人文关怀。在"华林晴悟"里，他没有大谈空话，没有照搬理论，而是用一种贴近生活、贴近历史、贴近人文的角度来跟你对话，让你仿佛觉得是一位师者在拉着你的手叙旧，随心、随理、随性，但不随意。在《对党忠　办事实　读书

勤　待人和》一文中，作者引经据典，博古论今，既有古今美谈，又有中外逸闻，既有福州典故，又有身边人与事，说理不说教，谈论如谈心，言之切切，意味深长，可反复咀嚼。当我们读《访英散记》，会若有所思；读《乡村絮语》，会深有同感；读《第二次上大学》，会唤起回忆。真诚质朴的叙述语境里，我们看到的是一位对生活处处留心，对现实时时关注，对人生常常思索的智者形象。没有高高在上，没有故作高深，文章里处处洋溢着先生的练达睿智和赤子情怀。启发着我对生活、对现实、对人生应是多角度地去认知，去体悟，去挖掘。这样的文章在书中有数篇，谈旧时岁月，然思想火花历久弥新，虽风移人往，然境过情留，依然真挚动人，真情感人。

　　先生的评论文章虽然篇幅不大，然言简而意赅，微言而大义，如品小画，"方寸之间见天地，细微之处有乾坤"。语言明白晓畅，富有意蕴，简约朴实，饱含智慧。我想，这一方面得益于他多年担任领导职务所形成的风格与特色，更重要的是他多年来不间断地学习与思考造就的。如在《无憾而远行——读杨绛》一文的结尾中写道："时代造就名家，时代需要偶像。杨绛先生应该是真正值得我们崇拜的心灵偶像。"把一个文学上的大师作为心灵偶像，我深感惊讶的同时，又觉得是再自然不过。联想到先生还擅长书画，显然，文学和艺术都是他汲取知识和智慧的法门，是人生航道上的心灵灯塔。我常想，倘若想要成为一名优秀的领导，只顾埋头打理职业内的一方小园圃，困囿于脚下的一垄小田野，那是远远不够的。应该抬头望远，懂得从历史角度人文情怀的关怀出发，从人类的智慧宝库中汲取养分，这样，事业之花才能盛开得饱满，也才能持久。这方面，先生是榜样。

先生在后记里谦称自己是一名"不敢懈怠、忙忙碌碌"的农夫。先生在勤勉为官、为民、从政的人生事业中，务实求真、思考悟道、知行合一是其立世之道，也是其为官为人之道。

读好书,如欣赏好画,既有审美上的愉悦,又有境界上的提升。在《晴耕雨读》中,先生回望自己的心路历程,将一枚枚散落在过往岁月中的吉光片羽,加以梳理,织出一本赏心之作。这是一本读完会令人沉浸其中的书,读完会令人掩卷深思的书,书中的很多话,是先生多年为政的真知灼见,读者朋友们在工作之余,多多品读,对于从政处世、克己修身、拓展思路会大有裨益的。

2017年春节定稿于漳浦旧镇

古老的文化乡愁

漳浦是一块神奇的土地。自唐垂拱二年建县以来，自古文风昌盛，文脉渊远，至明清时更是文化名人辈出，出现了黄道周、杨玉璇、蔡新等一时之俊杰，皆为历史上影响深远的艺术大家。此文脉至今传承繁衍不衰，甚是神奇。漳浦民间剪纸可说是这块神奇土地上的一朵艺术奇葩。

漳浦民间剪纸是一门古老的汉族民间传统手艺，镂空艺术的杰作，其历史源远流长，唐宋以来就非常活跃，据《漳浦县志》记载："元夕自初十放灯至十六夜，乃已神祠家庙，或用鳌山运傀儡，张灯烛，剪采为花，备极工巧。"说明漳浦民间剪纸一直是民间文化最具特色的一种传统习俗和文化传载形式之一。

王来文 《无题》

从历史源流上看,民间剪纸最初只是作为刺绣的底样,随着汉族民间民俗活动的盛行和受北方贴"窗花"等中原文化的影响,漳浦民间剪纸开始应用于各种结婚、祭拜活动,剪各种猪脚花、饼花贴于礼品、祭品上,以窗花等形式浸润着本地人的心灵生活,寄托美好的心愿,更象征着喜庆和欢悦。明清以后,漳浦民间剪纸才逐渐成为一种独特的民间艺术。它以其独特的艺术风格、浓烈的原始趣味和稚拙美感,在中国民间艺术中占有一定位置。

剪纸似乎是为女人而生的传统手艺,当它与中国女人相遇,剪纸作品呈现的这份气质已然分不清是中国剪纸还是中国东方女人,其艺术之美和中国传统女性之美是相映衬的绝配,诠释着东方女性独特的审美。说到漳浦民间剪纸,人人都会怀念起已经过世的四位老人的名字:陈金、黄素、林桃、陈匏来,她们被合称为闽南"四大神剪"。陈金、黄素在继承历史漳浦剪纸的基础上,借鉴传统刺绣表现手法,创造了"排剪"技法，形成漳浦民间剪纸构图丰富匀称、线条繁复细腻的特色和原始趣味；林桃、陈匏来立足本土，注重主观想象，开创了漳浦民间剪纸艺术构图奇巧、古拙抽象的写意风气和稚拙之美感；其中的林桃，被艺术界称为"中国民间毕加索"。这"四大神剪"是南方剪纸艺术流派的杰出代表，她们皆是纯朴的当地农民和渔民，剪纸绝非职业，只不过是一种天生的爱好、自觉的传承，一种常年生活的素养。以剪为伴的这四位杰出老人，不但以无声的艺术语言和成熟精湛的手法，给剪纸艺术留下弥足珍贵的传世之作，也影响和带动了漳浦有志于剪纸艺术的一代代艺人。她们是漳浦民间剪纸的承前者、启后者，更是一代剪纸艺术的杰出创作者，她们的作品诉说着漳浦女性贤惠勤劳柔美的良好品质。

当下的漳浦民间剪纸以构图丰满匀称、对称平衡、线条连贯简练、连接自然、细腻雅致而著称。在表现手法上，以阳剪为主、阴剪为辅，阳剪和阴剪互为补充，互为配合。画面主次分明，错落有致，富有层次感。在色彩上以单色为主，在对比中求协调，具有强烈的工艺装饰效果。而"排剪"技法的运用，则充分体现了漳浦民间剪纸纤巧细腻的特点，那种细而又细、成组成排、反复出现的线条，对表现羽毛、花瓣等事物丝丝入扣。在用纸上采用了一些不易变质、褪色的剪纸材料，大胆采用新的材质，不断拓展和出新。表现手法上吸收绘画等艺术的营养，拓展了漳浦民间剪纸手法的艺术表现形式。在题材上也从传统民俗、民间故事、民间传奇、花草花鸟题材向人物题材拓宽，对当代现实题材也敢于表现和亲近，体现出漳浦民间剪纸艺术生生不息的生命力，呈现出其丰富的艺术表现力和感染力，展现漳浦民间剪纸新一代艺人开拓的视野和眼光。

当然，事物的发展是辩证统一的，有阳总有阴，阴阳而和合也。漳浦民间剪纸在拓展和创新的同时如何保持自己作为"民间剪纸"这一珍贵艺术特色，如何在发展中丰富饱满漳浦民间剪纸艺术自身的艺术基因，如何在借鉴中丰富自己的艺术手法，如何避免在拓展与借鉴中被同化而异质，这些都是值得漳浦民间剪纸艺人加以思考的课题。

蕉亦潇潇

芭蕉仅是芭蕉,有生命,有生机,无情绪,无情思。其在文人雅士笔尖下的哀与怨,非蕉本身之哀之怨,而是文人雅士的自哀与自怨,蕉仅是其感知和所借的喟叹之材而已。

于蕉,你若心哀,蕉亦潇潇。早也潇潇,晚也潇潇。你若心怨,蕉亦瑟瑟。早也瑟瑟,晚也瑟瑟,若浮云罩笼也。

你若心喜,蕉亦飘飘。早也飘飘,晚也飘飘。你若心欢,蕉亦嘻嘻。早也嘻嘻,晚也嘻嘻,若霞光灿烂也。

故,你喜则物欢,望天天亦欢。你忧则物郁,望地地亦郁。